책에는 길이 있단다

민족과 교육을 사랑한 으뜸 기업가 대산 신용호

샘터가 소망하는 우리 아이들의 얼굴입니다.
이 행복한 마음 담아 여러분 곁으로 찾아가겠습니다.
www.isamtoh.com

책에는 길이 있단다

민족과 교육을 사랑한 으뜸 기업가 대산 신용호

●김해등 글 ●김진화 그림

샘터

샘터솔방울 인물 13

책에는 길이 있단다
민족과 교육을 사랑한 으뜸 기업가 대산 신용호

1판 1쇄 발행 2013년 8월 14일 | **1판 6쇄 발행** 2018년 2월 12일
글쓴이 김해등 | **그린이** 김진화 | **펴낸이** 김성구

편집 임선아, 송은하 | **디자인** 윤희정 | **마케팅부** 최윤호, 송영호, 유지혜 | **제작** 신태섭 | **관리** 노신영

펴낸곳 (주)샘터사 | **등록** 2001년 10월 15일 제1-2923호
주소 서울 종로구 창경궁로35길 26 2층 (03076)
전화 아동서팀 (02)763-8963 마케팅부 (02)763-8966 | **팩스** (02)3672-1873
전자우편 kidsbook@isamtoh.com | **홈페이지** www.isamtoh.com

ⓒ글 김해등, 그림 김진화, 2013

사진 및 자료 제공 대산문화재단, 서울시사편찬위원회, 오상석

이 책은 저작권법에 의해 보호를 받는 저작물입니다. 이 책에 수록된 글과 이미지를
사용하고자 할 때에는 반드시 저작권자와 (주)샘터사의 서면 허락을 받아야 합니다.
ISBN 978-89-464-1697-0 73990
이 도서의 국립중앙도서관 출판시도서목록(CIP)은 e-CIP 홈페이지
(http://www.nl.go.kr/cip.php)에서 이용하실 수 있습니다.(CIP제어번호 : CIP2013013223)

샘터 1% 나눔 실천 샘터는 모든 책 인세의 1%를 '샘터파랑새기금'으로 조성하여
소년소녀 가장의 주거비로 아름다운재단에 기부하고 있습니다. 2016년까지 7,200여만 원을
아름다운재단에 기부하였으며, 앞으로도 샘터는 책을 통해 1% 나눔 실천을 계속할 것입니다.

길을 찾는다!

길이 없으면 만들어 간다!

차례

1. 만나는 책이 스승이고 학교이다 • 9

　책 도둑 • 11
　학교 문턱을 넘어 보지 못한 아이 • 20
　독학과 천 일 독서 • 29
　덧붙이는 이야기 보통학교의 입학 열기 • 46

2. 커다란 산의 호랑이로 우뚝 서다 • 49

　나침반 같은 신갑범과의 만남 • 51
　기관차가 돼 이끌고 가라 • 62
　떠나라 낯선 곳으로 • 81
　베이징 제일의 곡물 회사 • 94
　덧붙이는 이야기 북적이는 경성을 떠나자 • 108

3. 시련은 공짜가 아니다 • 111

만 명의 동포를 구하다 • 113
시련은 절대 공짜가 아니다 • 118
교육보험을 발명하다 • 127
빌딩을 자르라니? • 136

4. 사람은 책을 만들고 책은 사람을 만든다 • 143

금싸라기 땅에 서점이라니요? • 145
서점 이익이 왜 이리 많아? • 152
광화문글판에 향기를 남기고 • 160

대산 신용호가 걸어온 길 • 172
글쓴이의 말 • 176
글쓴이 그린이 소개 • 180

1
만나는 책이 스승이고 학교이다

책 도둑

1981년 8월, 개점 두 달째를 맞은 교보문고는 북새통이었다. 사람들은 불볕을 피해, 지하에 자리 잡은 서점으로 들어와 서늘해진 땀을 연방 훔쳐 냈다. 서점을 약속 장소로 삼아 모여든 젊은이도 많았다. 책장을 넘기는 사람들은 다소 소란스러운데도 아랑곳하지 않고 사뭇 진지했다. 방학을 맞은 아이들도 꽤 많았다. 대부분 책을 골랐지만, 더러 놀이터 삼아 뛰어다니는 애도 있었다. 점원들은 책을 정리하다가도 뛰어다니는 애들이 보이면 쫓아가 말리느라 진땀을 뺐다.

지팡이를 짚은 노인이 서점으로 들어섰다. 왜소했지만 머리가 눈처럼 하얗게 새어 금방 눈에 띄었다. 눈빛이 더없이 인자해 보였는데 깊고 서늘해서 강단이 있어 보였다. 점원들은 백발노인과 마주치면 공손하게 인사를 했다.

노인은 흐뭇한 미소를 지으며 서점을 둘러봤다. 책을 고르는 아이들의 머리를 괜히 쓰다듬기도 했다. 마치 친손자를 대하듯 정이 흠뻑 넘쳤다.

별안간 출입구 쪽에서 여점원의 목소리가 앙칼지게 들려왔다.

"얘, 네 가방 좀 열어 보자!"

"싫어요!"

열한두 살 돼 보이는 아이가 가방을 틀어쥐고 한사코 버텼다. 점원은 가방을 우악스럽게 낚아챘다. 그러

고는 뒤적거리기 시작했다. 그새 아이 얼굴빛은 하얗게 변해 있었다. 여점원이 책 한 권을 꺼내 들고 소리쳤다.

"콩알만 한 녀석이 책을 훔쳐?"

"아, 아니에요……."

아이는 고개를 흔들었다. 점원은 눈을 치켜뜨고 아이를 다그쳤다.

"이렇게 증거가 있는데도 시치미 뗄 참이야?"

"안 훔쳤단 말이에요."

"안 되겠다. 너 같은 애는 경찰서에 가서 따끔한 맛을 봐야 정신을 차릴 거야."

주변 사람들의 시선이 한꺼번에 아이한테 쏠렸다. 아이는 불에 달구어진 것 같은 얼굴로 벌벌 떨더니 이내 훌쩍이기 시작했다.

그때였다. 백발노인이 뚜벅뚜벅 걸어와 아이 앞을 가로막았다.

"아가씨, 이거 왜 이러시오, 이 아인 내 손자요. 내가 책을 사 준다 했는데 이 녀석이 급한 마음에 가방에 먼저 넣은 것 같소. 미안하게 됐소. 자, 내가 책값을 계산하리다."

점원은 당황한 표정으로 어쩔 줄 몰라 했다.

백발노인은 돈을 내고 점원에게서 책을 건네받았다. 그러고는 다짜고짜 울먹이는 아이의 손을 이끌고 한적한 곳으로 갔다.

"옜다, 네 책 받아라."

"하, 할아버지……흑흑."

아이는 엉겁결에 책을 받아 들고 흐느꼈다. 두려운지 손을 떨어 댔다. 노인은 아이의 등을 토닥이며 말했다.

"책 도둑도 엄연한 도둑이란 건 너도 알고 있지?"
"네에."
"알고 있으면서 왜 훔친 거냐?"
"정말 보고 싶은 책이었는데 돈이 없어서요."
"흐음."
노인은 그제야 아이를 자세히 훑어봤다. 옷이 후줄근한 것도 모자라 땟물이 줄줄 흘렀다. 가방도 끈이 떨어져 천을 덧대어 놓아 낡아 보였다. 노인은 넌지시 서점 출입구의 벽면을 가리켰다.
"얘야, 저 글씨 좀 읽어 볼래?"
"네?"
"한번 읽어 보래도."
"사람은 책을 만들고 책은 사람을 만든다!"
아이는 영문을 모르면서도 또박또박 글씨를 읽었다.
"무슨 뜻인지 알겠느냐?"
"……."
아이는 백발노인을 올려다보며 고개를 모로 눕혔다. 노인은 아이의 손을 살포시 잡아 주며 말을 이었다.
"사람이 책을 만든다는 것은 너도 알지?"
"네에."
"하지만 책이 사람을 만들기도 한단다."

"……."

아이는 노인의 말뜻을 다 헤아리지 못했지만 자기도 모르게 고개를 끄덕였다.

"사람은 책을 읽으면서 됨됨이를 배워 가는 거란다. 궁금증을 풀기도 하고, 지식을 얻어 미래를 개척해 나가기도 하고 말이야. 어찌 보면 책이야말로 진짜 선생님이라 할 수 있다는 얘기지."

"아……네에."

"그런 선생님을 훔쳐서는 안 되겠지?"

"할아버지, 잘못했습니다."

아이는 고개를 푹 수그렸다. 손에 든 책으로 굵은 눈물이 뚝뚝 떨어졌다. 노인은 아이의 등을 토닥이며 위로했다.

"얘야, 이 책이 훔치고 싶을 정도로 재미있던?"

"네."

"허허, 그럴 거다."

아이는 놀란 눈으로 노인을 올려다봤다.

"할아버지도《로빈슨 크루소》읽어 보셨어요?"

"그럼! 너만 했을 때 '천 일 독서'라는 걸 했단다."

"천 일 동안 독서를 했다는 뜻이지요?"

"그렇단다. 그때 그 책을 빌려 읽었는데 어찌나 재미있던지 돌려주고 싶지 않더구나."

노인은 아이의 머리를 쓰다듬어 주며 껄껄 웃었다. 아이도 햇복숭아처럼 얼굴을 붉히고 따라 웃었다. 노인은 로빈슨 크루소가 무인도에서 끝까지 포기하지 않고 살아남았던 것처럼, 아이도 가난이라는 역경과 싸워 훌륭한 사람으로 자라나길 바랐다.

다음 날 백발노인이 다시 교보문고를 찾아왔다.
점원들은 화들짝 놀라 노인을 맞았다.
노인은 지팡이를 짚고는 점원들 앞으로 다가갔다. 노인이 바로 '교보생명'의 창립자이자, 우리나라 최고의 대형 서점인 '교보문고'를 세운 대산 신용호였다.
"모두들 수고 많아요. 오늘은 긴히 전할 말이 있어 찾아왔어요."
대산은 점원들을 빙 둘러봤다. 그러고는 지팡이 잡은 손에 힘을 꽉 주며 말했다.
"돈벌이만 생각하고 책방을 연 게 아니란 걸 여러분도 잘 알 것입니다."
"네."
점원들은 한목소리로 대답하며 대산을 쳐다봤다.
"오늘부터 여러분들은 여기에 적힌 다섯 가지를 꼭 실천해 주시면 좋겠어요."
대산은 품에서 작은 메모지를 꺼내 서점 책임자에게 건넸다. 책임자는 메모지에 적힌 대로 또박또박 읽어 내려갔다.

하나, 모든 고객에게 친절하고, 초등학생에게도 반드시 존댓말을 쓸 것.
둘, 책을 한곳에 오래 서서 읽는 것을 절대 말리지 말고 그냥 둘 것.
셋, 책을 이것저것 빼 보기만 하고 사지 않더라도 눈총을 주지 말 것.
넷, 책을 앉아서 노트에 베끼더라도 말리지 말고 그냥 둘 것.
다섯, 책을 훔쳐 가더라도 도둑 취급을 하여 절대 망신을 주지 말고, 남의 눈에 띄지 않는 곳으로 가서 좋은 말로 타이를 것.

점원들이 웅성웅성 술렁댔다. 누가 들어도 얼토당토않은 지시였다. 만일 이 다섯 가지를 실천하게 되면 손해가 날 게 뻔했다. 하지만 아무도 반대하지 못했다. 돌다리도 두들겨 보고 건너는 대산의 치밀한 성미를 잘 알았기 때문이다. 분명 그리 지시한 데는 그럴 만한 이유가 있을 것이라 여겼다.

그날로 서점 분위기가 확연히 달라졌다. 책을 파는 곳이라기보다 편안한 쉼터 같았다. 꽃처럼 화사한 분위기에서 사륵사륵 책장 넘기는 소리가 하루 종일 멈추지 않았다. 손님들은 마치 책의 천국에 와 있어 절로 행복에 젖어 가는 듯했다.

대산은 하루가 멀다 하고 서점을 찾았다. 수면을 솟구쳐 오른 숭어가

바깥세상을 보는 것처럼 책을 들여다보고 있는 아이들을 보면 가슴이 뛰었다. 학교에 가지 못해 남의 책을 빌려 읽고 설레어 했던 어린 시절이 떠올랐다.

학교 문턱을 넘어 보지 못한 아이

신용호는 1917년 8월 11일, 전라남도 영암에서 태어났다.

영암에는 호남의 소금강(小金剛)●이라 불리는 월출산이 자리하고 있다. 희고 넓적한 바위들이 봉우리를 이루고 있는데, 바위가 마치 깨끗한 한지처럼 보였다. 붓을 대면 바위는 먹을 머금고 멋들어진 서화 한 장 그려 낼 것만 같았다.

신용호의 집은 솔안마을의 송양서원 옆에 있었다. 대대로 학문을 숭상한 집안답게 조상들은 서원을 지어 사람들을 가르쳐 왔다. 용호의 아버지는 과거를 봐 벼슬을 하려 했지만, 개화기●에 과거 제도가 폐지되는 바람에 꿈을 이루지 못했다.

소금강 ● 오대산 동쪽의 명승지. 율곡 이이가 쓴 〈청학산기〉에서 유래한 명칭으로 마치 '금강산'을 축조해 놓은 것처럼 아름다운 산세라는 의미에서 붙은 이름이다.
개화기 ● 1876년 강화도 조약 이후, 우리나라는 서양 문물의 영향을 받아 봉건적인 사회 질서를 타파하고 근대적 사회로 바뀌어 갔다.

대신 신학문을 배우면서 용호의 아버지는 일찍이 항일 운동에 뛰어들었다. 그 바람에 일경(일본 경찰)에게 밉보여 감옥에 가는 일이 많았다. 게다가 아버지의 영향을 받아 큰형마저 소작 쟁의* 운동을 하다 쫓기는 신세가 돼 버렸다. 그러다 보니 어머니가 살림을 도맡았고, 곤궁할 수밖에 없었다.

용호가 여덟 살이 되던 해였다. 여느 아이들처럼 보통학교에 들어갈 마음에 한창 들떠 지내던 시기에 몸이 이상했다. 조금만 걸어도 숨이 차고 가슴이 아렸다. 때론 오한이 들어 으슬으슬 떨리고, 목에 가래가 차고 기침까지 나왔다.

어머니는 부랴부랴 용호를 의원에게 데려갔다. 의원은 고뿔에 걸린 것 같다며 대수롭지 않게 여겼다. 하지만 입학할 날이 다가오는데도 병이 낫지 않았다. 어머니는 용하다는 의원을 수소문해 찾아갔다.

의원은 맥을 짚어 보고는 고개를 갸웃갸웃했다. 몇 차례 검진을 하더니 넌지시 어머니를 불렀다.

"폐병이 아주 깊습니다."

"뭐라고요?"

어머니는 그 자리에 철퍼덕 주저앉고 말았다. 이때만 해도 폐병은 걸리면 죽는 무시무시한 병이었다. 마을에도 폐병에 걸려 피를 토하고 죽

소작 쟁의 • 일제 강점기 때 농민들이 지주의 수탈에 대응하기 위해 펼친 농민 운동으로 당시 지주의 대부분이 일본인이라 독립운동의 성격도 있었다.

은 사람만 여럿이라 절로 아찔해졌다.

어머니는 부르르 떨며 진료실을 나왔다. 용호는 안색이 좋지 않은 어머니를 보고 입술을 힘겹게 달싹이며 물었다.

"제가 많이 아픈 거예요?"

"아, 아프긴……고뿔이 좀 심하다는구나."

어머니는 금세 낯빛을 고치고 아들의 등을 다독였다. 용호는 어머니의 말만 철석같이 믿고는 어서 고뿔이 낫기를 기다렸다. 친구들과 보통학교에 다닐 생각에 마음이 설레었다. 하지만 날이 갈수록 몸은 수척해져만 갔다. 목이 찢어지는 듯 아프더니 나중에는 기침에 피까지 묻어 나왔다.

또래들은 이미 학교에 들어갔지만 용호는 그렇지 못했다. 대신 아침만 되면 대문 밖으로 나가서 도란도란 떠들며 등교 중인 친구들을 향해 소리쳤다.

"나도 금방 학교에 갈 거야."

"안 돼, 큰일 나."

"이딴 고뿔은 금방 나을 수 있어!"

"너 고뿔 아냐!"

"고뿔 맞다니까! 용한 의원이 그랬어."

"폐병……."

아이들은 말하다 말고 줄행랑을 쳤다.

"뭐……폐병?"

다리에 힘이 쭉 빠져 나갔다. 현기증이 일어 고꾸라질 것만 같았다. 폐병에 걸렸다면 학교가 문제가 아니었다. 지금처럼 손 하나 까딱 못 하는 몸으로 병이나 이겨 낼 수 있을지 걱정이었다.

용호는 고개를 흔들며 소리를 질렀다.

"아니야, 폐병 아니란 말이야!"

다음 날부터, 용호는 아침이 돼도 대문 밖으로 나가지 않았다. 그래도 친구들의 재잘거리는 소리가 방 안까지 들렸다. 대산은 이불을 옴팍 뒤집어썼다. 그럴수록 친구들 목소리가 더 크게 들리는 듯했다. 용호는 아예 귀를 틀어막았다. 몸이 천근만근 무거워졌다. 열은 펄펄 끓어올랐고, 숨을 쉴 수 없을 정도로 기침이 쏟아졌다.

친척들의 병문안이 이어졌다.

"용호는 좀 어떤가요?"

용호는 몸도 일으킬 수 없어 죽은 듯 누워 있었다. 친척들은 초췌해진 용호를 보고 눈물을 글썽였다. 아버지는 일경에 쫓겨 다니느라 집에 없는데, 죽음의 문턱을 아버지도 없이 들락날락하는 용호가 안쓰러웠다. 그럴 때마다 어머니는 부리나케 친척들을 뒤꼍으로 이끌고 갔다. 아들에게 상처를 주지 않으려는 마음 때문이었다.

병은 갈수록 깊어만 갔다. 마주 보이는 월출산에 겨울이 세 번이나 지나갔다. 동구에 있는 늙은 소나무는 봄만 되면 파릇파릇 새잎을 내달았다. 어머니는 포기하지 않고 폐병에 좋다는 건 뭐든지 찾아 나섰다. 기력이 달리면 들짐승을 잡아다 먹이고, 영양 많다는 시금치도 자주 먹였다. 질경이 뿌리를 달인 물도 약처럼 꼬박꼬박 마시게 했다. 그래도 용호의 병은 별 차도가 없었다.

어머니는 시간만 나면 아들의 머리맡에 앉아 누비질을 했다. 이제 용호는 파리 한 마리 쫓을 힘마저 남아 있지 않아 누운 채로 눈만 끔벅거렸다. 어머니는 그런 용호를 보고도 결코 울지 않았다.

용호가 힘겹게 입술을 달싹거렸다.

"남들처럼 왜 울지 않으세요?"

어머니는 대답 대신 마른걸레로 방바닥을 닦고 또 닦았다. 가슴이 저미도록 아팠다. 어린것이 폐병인 줄 알면서도 이제껏 내색하지 않고 속으로 피눈물을 흘렸다는 게 느껴졌다.

어머니는 눈가에 힘을 바짝 주며 대답했다.

"옛말에 호랑이에게 물려 가도 정신만 차리면 산다고 했다."

"잘 알아요."

"반드시 병을 이겨 내고 학교에 가야 해. 알겠지?"

"네, 어머니……."

어른도 견디기 힘들다는 폐병을 어린 아들이 몇 해를 견디고 있는 게 대견하고 고마웠다.

그러던 어느 날이었다. 자고 있던 용호가 가슴을 몇 번 들썩였다. 어머니는 깜짝 놀라 아들을 흔들어 깨웠다. 용호는 눈을 왕방울만 하게 뜨고는 뜬금없는 말을 했다.

"어머니, 이상한 꿈을 꿨어요."

"꿈이라니?"

"월출산이 제 몸으로 쏙 빨려 들어오는 꿈이었어요."

"뭐?"

어머니는 하도 이상해 아들의 몸을 쓰다듬어 보았다.

"아!"

아들의 몸에서 뜨거운 기운이 느껴졌다. 뜨겁다 못해 펄펄 끓으면서 피톨이 쿵덕쿵덕 뛰었다. 어머니는 밤새 뜬눈으로 아들의 곁을 지켰다. 그러고는 새벽녘에 지난겨울에 받아 놨던 납설수*로 몸을 깨끗이 씻고 월출산을 향해 빌고 또 빌었다.

다음 날부터 용호의 얼굴에 화색이 돌기 시작했다. 기침도 조금씩 잦아들었다. 좀처럼 먹지 못했던 음식을 한술 한술 떠먹기 시작했다. 나중에는 마루로 나가 종종 앉기까지 했다.

용호는 어머니에게 나지막하게 말했다.

"어머니, 책 읽는 소리를 듣고 싶어요."

납설수 • 동지 이후 내리는 눈을 받아 녹인 물.

"오냐오냐. 장한 내 아들……."
어머니는 그제야 눈가에 눈물을 보이며 용호를 끌어안았다.

용호는 어머니 등에 업혀 송양서원으로 갔다. 거기서 나오는 책 읽는 소리를 들으며, 조금만 더 기운을 차리게 된다면 읍내에 있는 학교까지 단숨에 내달려 가리라 마음먹었다.

독학과 천 일 독서

용호는 기적처럼 폐병을 훌훌 털고 일어섰다. 이제 그토록 바라던 보통학교에 들어갈 수 있었다. 하지만 뜻대로 되지 않았다. 그즈음 집안 형편은 몹시 어려웠다. 아버지와 큰형이 오래도록 집을 돌볼 겨를이 없었으니 당연했다. 일경은 시도 때도 없이 집을 드나들며 협박을 일삼았다. 그것도 모자라 나중에는 농사를 짓는 둘째 형을 끌고 가서 고문했다. 아버지는 생각다 못해 목포로 이사를 가기로 결심했다. 마침 목포에 사는 친구가 하숙을 칠 수 있게 도와주겠다고 한 것이다.

그렇게 해서 용호는 열두 살 되던 해에 부모님을 따라 목포로 갔다. 당시 목포는 전국 '6대 도시' 안에 들 정도로 큰 도시였다.• 철도와 항구가 발달해 사람들로 붐볐고, 일본인이 많이 살면서 신문물도 들어와

• 일제 시대인 1930~1940년대만 하더라도 인천, 부산과 함께 3대 항구, 6대 도시 중 하나였다. 이후 경제개발 시기를 지나면서 침체기를 맞게 된다.

있었다. 무엇보다 용호는 집 앞에 북교보통학교가 있다는 게 기뻤다.

이사하고 며칠 안 돼 막내 용희가 물었다.

"형도 이번에 학교 갈 거야?"

"당연하지!"

"형 친구들은 벌써 4학년이잖아."

"그게 무슨 상관이냐? 공부를 할 수 있다는 게 중요하지."

용호는 대수롭지 않게 대답했다. 폐병이 깊어졌을 때, 죽기 전에 마지막 소원이 학교에 딱 한 번만 가 보는 것일 정도로 학교에 가고 싶었다. 어머니가 마음 아플까 봐 겉으로 드러내지는 않았지만 말이다.

"친구들이 놀리면 어떡해?"

"나를 놀린다고?"

"응! 아, 아니……나를……."

용희는 고개를 끄덕이다 말고 재빨리 말을 바꿨다.

"너 졸업할 때까지 형이 옆에서 보호해 줄게."

용호는 빙긋 웃으며 용희의 머리를 쓰다듬어 주었다. 코흘리개 아이들과 함께 공부해야 하는 형의 자존심을 걱정해 주는 동생이 고마웠다. 그러나 용호에게 자존심보다 학교가 중요했다. 죽을 고비에서도 학교에 가고 싶었던 마음이라면, 어떤 부끄러움이나 어려움도 이겨 낼 수 있을 거라는 자신이 있었다.

아버지는 용호와 용희를 북교보통학교로 데리고 갔다. 용호는 학교에 들어갈 수 있다는 생각에 가슴이 터질 것 같았다. 이제 곧 다른 애들처럼 책상 앞에 앉아 당당하게 책을 읽을 것이다.

그런데 입학 담당자가 고개를 저으며 말했다.

"신용호는 나이가 많아 입학이 어렵습니다."

"그런 법이 어디 있소? 애는 몸이 아파 어쩔 수 없었단 말이오."

하지만 담당자는 손사래를 쳤다. 정원을 초과해서 받아 줄 수 없다는 말만 되풀이했다. 용호는 천 길 낭떠러지 아래로 떨어지는 듯했다. 아버지는 하는 수 없이 용호를 영흥보통학교로 데리고 갔다. 그러나 같은 이유로 입학을 거절당했다.

용호는 걷잡을 수 없는 슬픔에 빠져들었다. 방에 들어앉아 몇 날 며칠을 꼼짝하지 않았다. 입맛이 없어 밥알은 모래알처럼 서걱거렸고, 열은 불덩이처럼 끓어올랐다. 학교에 갈 수 없다면 차라리 다시 폐병을 앓아 죽어 버렸으면 싶었다. 지켜보는 어머니도 가슴이 찢어졌지만 달리 방법이 없었다.

하숙 치는 일은 계획대로 곧바로 시작됐다. 아버지는 목포에서도 항일 운동을 하느라 늘 집 밖에 나가 있었다. 어머니 혼자 하숙생들을 뒷바라지하느라 허리가 휠 정도였다. 찬거리에 드는 돈을 아끼려고 들판이나 부둣가를 직접 돌기 일쑤였다. 그러다 보니 잠자리에 들면 어머니가 끙끙 앓는 소리가 용호의 방까지 들려왔다.

더는 어머니의 고생을 두고 볼 수 없었다. 실의에 빠져 방 안에 틀어박혀 있던 용호는 자신이 철없게 여겨졌다. 영암에 있을 때 어른들은 "열두 살은 소도 때려잡을 나이야!" 하고 말했었다.

용호가 하숙 일에 발 벗고 나서자 어머니도 한결 수월해졌다. 몇 달이 지나자 힘겹던 살림도 점차 나아졌다. 어느 날 어머니는 저녁 설거지를 마치고 용호를 넌지시 불렀다.

"용호야."

"네, 어머니."

"미국은 임금님을 백성이 뽑는다던데 들어 봤니?"

용호는 믿을 수 없어 고개를 저었다. 임금이 되려면 대대로 임금의 피를 물려받아야 한다고 믿고 있었다. 어머니는 고개를 가만히 저으며 말을 이어 갔다.

"나도 얻어들은 말이라 처음에는 곧이듣지 않았단다."

"잘못 들으셨을 거예요."

"몇 번이나 물어봤는데 틀림없는 사실이라더구나. 통나무 오두막집에서 태어나 학교도 다녀 보지 못한 아이가 커서 임금님이 됐다고 하더라니까."

"학교도 안 다닌 바보 천치가 어떻게 임금님이 돼요?"

"네가 직접 알아보렴."

어머니는 아들의 어깨를 토닥여 줬다. 용호는 어머니 얼굴을 빤히 바라봤다. 어머니의 눈빛은 여느 때보다 진지했다. 지어낸 얘기가 분명히 아닌 것 같았다. 용호는 갑자기 몸이 확 뜨거워지는 것을 느꼈다. 월출산이 몸속으로 빨려 들어왔던 때처럼.

궁금증은 저녁이 되도록 수그러들지 않았다. 용호는 목포상업중학교에 다니는 강일구의 하숙방을 찾아갔다. 강일구와는 한 살밖에 차이 나지 않아서 친구처럼 지냈다. 용호는 다급한 목소리로 물었다.

"물어볼 게 있어."

"뭔데?"

"미국 임금님들 좀 알아?"

"알지. 근데 누구?"

"오두막집에서 태어났다던데……학교에도 안 다녔는데 임금님이 됐다고 하더라."

용호는 혹시나 어머니가 잘못 알았을 수도 있어 얼버무려 말했다. 그런데 강일구는 누구나 아는 사실인 양 대수롭지 않게 대답했다.

"링컨 대통령이잖아."

"대통령?"

"미국에서는 임금님을 대통령이라고 해. 맞아, 네 말처럼 에이브러햄 링컨은 학교에 다니지 않았는데도 대통령이 됐지."

"그랬구나."

"아, 용호 너……."

강일구는 그제야 용호의 속마음을 알아차렸다. 서로 허물없이 지냈지만 용호가 학교에 다니지 못했다는 사실을 까마득히 잊고 있었던 거다.

다음 날, 강일구는 용호를 데리고 유달산에 올랐다. 낮고 길게 뻗은 용머리 섬에 붉은 해가 걸려 있었다. 해가 마치 여의주처럼 보이는 게, 금방이라도 용이 물고 승천할 것만 같았다.

강일구는 먼바다를 쳐다보며 조심스레 말문을 열었다.

"링컨은 가난해서 제대로 배울 수 없었어. 하지만 일을 하면서 틈만 나면 책을 읽었기에 학교를 나온 사람들보다 지식이 훨씬 깊었지. 대통령이 돼서는 남북 전쟁*을 승리로 이끌고 노예를 해방시켰고."

"노예라니?"

"백인들이 개나 소처럼 부려 먹은 흑인을 말하는 거야. 어쩌면 일본에 나라를 빼앗긴 우리도 노예나 마찬가지가 아닐 듯싶어. 네 아버지가 소작 쟁의 운동을 하는 것도 노예처럼 살아가는 사람들을 해방시키는 일과 마찬가지가 아닐까?"

"……."

용호가 대꾸가 없자 강일구는 빙긋 웃으며 말을 이어 갔다.

"우리도 배워야 일본으로부터 해방될 수 있다는 뜻이야. 용호 너도

남북 전쟁 • 미국에서 일어난 내전으로, 남부는 노예 제도 유지를 북부는 폐지를 주장했다.

마찬가지야. 부끄럽겠지만 일단 용희의 교과서로 공부해 보는 게 어때? 조선어와 일본어도 배우고, 산수도 열심히 갈고닦아 보도록 해. 어려운 것은 나한테 물어보면 언제든 가르쳐 줄게."

용호는 강일구가 친형처럼 든든했다. 여섯 형제 중 다섯째로 태어나 형이 넷이나 있었지만 지금 곁에 있는 형은 아무도 없었다. 큰형은 항일 운동을 하느라 일경에게 쫓기고 있고, 둘째 형은 부모님 대신 영암에서 농사를 짓느라 허덕이고 있다. 셋째 형은 음악가가 되기 위해 일본으로 유학을 가 있어서 얼굴이 가물가물했다. 넷째 형도 직장에 나가고 있었다.

용호는 강일구와 헤어진 뒤 제 머리를 쥐어박았다. 불행한 처지를 원망만 했지 딛고 일어설 생각은 한 번도 하지 못했다. 남몰래 부모님을 탓했던 일도 기억났다. 낯이 뜨거워 고개를 들 수가 없었다. 용호는 굳은 결심을 했다. 이제부터 만나는 책을 스승이자, 학교로 삼겠다는 다짐을 했다.

이후 동생의 책을 흘끔흘끔 넘보기 시작했다. 틈만 나면 책을 몰래 빼내 들춰 봤다. 용희는 처음에는 형을 가만히 내버려 뒀다. 하지만 날이 갈수록 형이 책을 차지하는 시간이 늘어나자 투정을 부리며, 어머니에게 일러바쳤다.

"형이 제 책을 자꾸 가져가요."

"좀 빌려 주면 어떠냐."

"형 때문에 성적이 점점 떨어지잖아요. 그래서 학교 가기 싫단 말이에요."

"원, 녀석도 참."

어머니는 용호를 힐끔 쳐다만 볼 뿐 나무라지는 않았다. 용호는 어머니 뒤에서 머리만 북북 긁어 댔다. 어머니가 며칠 뒤에 교과서를 구해 왔다. 용호는 그날부터 눈치 안 보고 마음껏 공부할 수 있게 됐다.

용호는 교과서 말고 다른 책에도 관심이 많았다. 하지만 대부분 일본어로 되어 있어 까막눈이나 마찬가지였다. 용호는 《일본어 독본》을 구해 일본어를 공부하기 시작했다. 한자를 잘 몰라 진도가 쉬이 나가지 않았다. 그래서 먼저 천자문을 공부하기로 했다. 곧 천자문을 읽고 쓰게 되면서 자연스레 일어를 풀이하는 수준까지 이르렀다.

혼자 공부를 한 지 3년이 지나갔다. 어느덧 용호의 실력은 보통학교 졸업생 수준이 됐다. 그러나 공부를 중단하지 않고 곧바로 중학교 과정으로

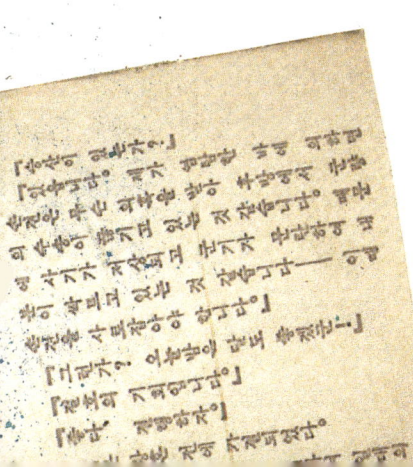

들어갔다. 하숙생들이 구해다 준 교과서로 1학년부터 공부할 수 있었다.

신문도 즐겨 읽었다. 〈조선일보〉와 〈동아일보〉는 물론이고, 일본에서 발행하는 신문까지 구해서 읽었다.* 〈동아일보〉에 연재되는 춘원 이광수의 《이순신》을 읽고는 깊이 감명을 받았다. 이순신 장군의 애국정신을 깨닫고 나자 항일 운동가들이 자랑스럽게 느껴졌다. 이제까지 용호는 어린 마음에 집안일에 뒷전인 아버지와 큰형을 원망하기도 했다.

《이순신》을 읽은 계기로 많은 소설을 섭렵했다. 심훈의 《상록수》와 홍명희의 《임꺽정》은 물론이고, 일본어로 된 세계 문학 전집까지 읽게 됐다. 문학 작품을 읽고부터는 생각의 폭이 몰라보게 넓어졌다. 남모르게, 문학가가 되고 싶다는 꿈까지 품을 정도였다.

용호는 열여섯 살이 되는 때, 3학년 공부까지 뗐다.

어느 날이었다. 상업중학교 3학년이었던 강일구가 깜짝 놀랄 만한 제안을 해 왔다.

"용호야, 우리 학교에서 시험 한번 볼래?"

"내 주제에 어떻게 시험을……."

"아니야, 오늘 학교에서 시험을 봤는데 마침 네 생각이 나서 선생님

---

* 3·1 운동 이후, 조선총독부가 문화통치를 표방하면서 민족 신문 간행을 허가했는데, 그때 창간된 것이 〈조선일보〉, 〈동아일보〉, 〈시사신문〉이었다. 하지만 실제로는 식민 통치에 비판적인 기사는 삭제시키거나 신문사를 폐간 조치하는 등 표면적인 행위에 지나지 않았다.

께 부탁 드렸어."

"정말?"

용호는 시험이라는 말에 눈이 번쩍 뜨였다. 지금껏 한눈팔지 않고 공부에 매진해 왔지만 한 번도 실력을 가늠해 보지 못했다. 강일구 말대로 시험을 보면 그간 공부를 제대로 해 왔는지 확인할 기회가 될 것 같았다. 용호는 설레는 마음으로 고개를 끄덕였다.

용호는 강일구를 따라 목포상업중학교에 갔다. 다행히 선생님이 늦게까지 남아서 용호를 기다리고 있었다.

"일구에게 얘기 들었다. 그럼 독학으로 깨친 실력이 어느 정도 되는지 볼까?"

선생님이 시험지를 앞으로 내놓았다.

"고맙습니다. 정말 고맙습니다."

용호는 연방 고개를 숙여 인사한 후, 시험을 치르기 시작했다. 시험지를 한 장 한 장 풀 때마다 정말로 중학생이 된 것 같았다. 선생님은 자상하게 채점까지 해 주었다.

용호는 가슴을 졸이며 채점이 끝나기를 기다렸다. 가슴 뛰는 소리가 들릴까 봐 몇 번이나 숨을 가다듬었다. 채점을 마친 선생님이 용호에게 말했다.

"이거 놀라운 일인걸! 여섯 과목 성적이 우리 학생들로 치자면 중상위권이야."

"네? 정말요?"

용호보다도 강일구가 먼저 눈이 휘둥그레져 되물었다.

"그렇다니까. 일구 자넨 참 멋진 친구를 두었군."

"이야! 용호야, 넌 해냈어. 해냈다고!"

강일구는 제 일처럼 기뻐하며 용호를 부둥켜안았다. 용호는 얼떨떨한 나머지 천장만 멍하니 쳐다봤다. 밤잠을 쫓으며 공부했던 시간이 주마등처럼 스쳐 지나갔다.

용호는 자신감이 철철 넘쳤다. 중학교 3학년 실력이면 어디를 가더라도 써먹을 수 있었다. 그런 생각을 하자 몸이 근질거려 견딜 수 없었다. 하루빨리 혼자 힘으로 뭐든지 해 보고 싶었다.

그러나 날마다 계획을 세웠다가 지우기를 반복하며 허송세월을 보냈다. 홀로 힘겹게 하숙을 치는 어머니가 눈에 밟혔기 때문이다.

용호는 눈물을 머금고 마음을 다잡았다. 스무 살이 되면 기필코 자립하겠다는 계획을 세웠다. 스무 살이 되려면 얼마나 남았을까?

"천 일 남았어!"

용호는 불쑥 한마디 더 내뱉었다.

"잃어버린 시간을 되찾자!"

폐병과 싸우던 시기, 시간이 천금처럼 여겨진 때가 있었다. 용호는 그때부터 버릇처럼 이 말을 중얼댔다. 그랬기에 어린 동생의 책을 훔쳐

보거나 하숙생에게 모르는 것을 묻는 게 창피하지 않았다.

용호는 천 일을 귀하게 쓸 방법을 궁리했다. 문득 독학을 결심했을 때 '만나는 책이 스승이고, 학교이다!'라고 다짐한 말이 떠올랐다.

"천 일 독서!"

용호는 무릎을 탁 쳤다.

잃어버린 시간을 되찾을 길은 독서밖에 없었다. 하숙 일을 도우면서도 책은 얼마든지 읽을 수 있었다. 쇠뿔도 단김에 뺀다고 용호는 곧바로 '천 일 독서'에 들어갔다.

하루 네 시간 이상 자는 날은 큰 죄를 짓는 양 여겼다. 몰려드는 잠을 쫓으려고 한겨울에도 군불을 떼지 않았다. 그러다 보니 자고 나면 몸이 나무토막처럼 뻣뻣하게 굳어 결리기 일쑤였다.

하숙생은 대개 부잣집 자제들이라 책이 많았다. 덕분에 용호는 언제든지 마음껏 책을 빌려 볼 수 있었다. 빌린 책을 하숙생에게 가져다주면 "벌써 다 읽은 거냐?" 하고 묻는 게 인사가 돼 버렸다. 용호는 그때마다 "토론 한판 벌이자고!" 하고 답했다. 그 바람에 하숙방에서는 밤새워 열띤 토론이 벌어지기도 했다.

하숙 일이 끝나면 도서관에 들렀다. 목포에 들어온 일본인들이 지은 목포부립도서관*에 가면 일본에서 나온 신간도 쉽게 빌려 볼 수 있었다.

목포부립도서관 • 1928년 6월 1일에 문을 열었고, 당시 도서 6,678권이 소장되어 있었다.

용호는 《헬렌 켈러》와 《카네기 전기》를 인상 깊게 읽었다. 보지 못하고 듣지 못하는 헬렌 켈러가 설리번 선생님을 만나 대학 공부까지 하게 된 이야기를 읽고는 스스로를 다그쳤다.

'사흘만 눈이 주어졌다는 마음으로 세상을 살자!'

《카네기 전기》를 읽고는 처음으로 사업가의 꿈을 키우게 됐다. 가난한 환경에서 태어난 카네기는 아버지를 따라 미국으로 이민을 가, 학교도 제대로 나오지 못했다. 하지만 갖은 고생 끝에 세계 최대의 철강 회사를 세웠다.

용호는 마냥 책만 읽지 않았다. 읽는 책이 스승이라면, 만나는 장소는 살아 있는 학교였다. 용호는 세상 물정도 중하다고 여겼다. 그래서 목포 시내를 유심히 관찰하며 돌아다녔다. 남교동 중앙 시장과 일본인들이 운영하는 부둣가를 살펴봤다. 일본에서 들어오는 물자와 일본으로 건너가는 물자들을 따져 보기도 했다.

어머니는 장 보는 일을 용호에게 맡겼다. 용호는 질 좋은 물건을 싸게 사는 수완이 좋았다. 수없이 발품을 팔며 치밀하게 따져 보는 습관 덕이었다. 시장에 용호가 나타나면 장사꾼들은 으레 제대로 된 상품을 내놓고 적당한 이윤만 붙였다. 눈속임을 하려 했다간 반장사꾼이 다 된 용호에게 된통 창피만 당할 게 뻔했기 때문이다.

천 일이 눈 깜빡할 새에 지나갔다. 드디어 용호는 기다리던 스무 살이 됐다. 천 일 독서가 끝나면 집을 떠나 자립하기로 결심했지만, 무작정 집을 나설 순 없었다. 용호는 며칠 동안 앞으로 무엇을 할 것인가를 고민했다.

'카네기 같은 사업가가 되는 거야!'

어차피 보통학교 졸업장도 없이 제대로 된 직장에 들어가기는 힘들었다. 그러나 용호에게는 상업중학교 졸업생 못지않은 실력과, 천 일 독서로 쌓은 지식, 현장에서 다진 경험이 있었다. 그걸 무기로 사업가가 되자고 결심했다.

용호는 아버지가 집에 들른 날을 잡아 넌지시 운을 뗐다.

"이제 저도 자립하고 싶습니다."

"집을 떠나겠다는 말이냐?"

"네!"

아버지는 놀란 눈으로 용호를 쏘아봤다.

"대체 어디로 가서 어떻게 자립하겠다는 것이냐?"

"먼저 경성(당시 서울)으로 가겠습니다."

"맨손으로 낯선 경성에서 무얼 할 수 있겠느냐. 그러지 말고 우선 목포에서 취직을 하거라. 일하면서 천천히 자립해도 늦지 않을 거다."

예상대로 아버지는 완강하게 반대했다. 어머니의 반대도 못지않게 거셌다. 어렸을 때 죽다 살아난 탓에 용호의 건강이 걱정되었기 때문이었다. 며칠을 끈질기게 설득했지만 끝내 허락을 얻지 못했다.

남은 방법은 하나였다. 용호는 식구가 잠든 밤에 마당으로 나섰다. 미리 써 둔 편지 한 장을 놓고는 부모님 방을 향해 큰절을 올렸다.
"부디 몸 건강하십시오. 반드시 큰 사업가가 되어 돌아오겠습니다."
발소리를 죽여 대문을 빠져나와 서둘러 경성행 열차에 올라탔다. 열차가 기적을 울리며 목포역을 빠져나갔다. 용호는 자리에 앉지 못하고 열차 사이에서 난간을 붙들고 오래도록 밖을 내다봤다. 열차는 어둠을 뚫고 목포 시내를 벗어나 무안 들판으로 들어섰다. 유달산이 점점 멀어져 갔다. 용호는 그제야 참았던 눈물을 울컥 쏟았다.

덧붙이는 이야기

보통학교의 입학 열기

서양 문물이 들어오면서 조선의 교육에도 변화가 생겼습니다. 지금껏 아이들은 전통적인 교육 기관인 서당에서 공부를 해 왔는데, 1895년에 소학교라는 것이 세워졌습니다. 사람들은 새로 생긴 소학교에 시큰둥한 반응을 보였습니다. 당시 신학문에 대한 이해도 부족했고, 교육 형태도 체계적이지 않았기 때문입니다.

일제는 을사늑약을 강제로 체결하면서, 1906년 6년제 소학교령을 폐지하고, 보통학교령을 공포했습니다. 소학교의 이름이 보통학교로 바뀌고 기간이 4년제로 줄어들었습니다. 처음에는 초보적이고 실용적인 교육을 하다가 나중에는 조선인을 일본 신민으로 만들기 위한 교육을 시켰습니다.

1920년대에 접어들어 보통학교에 대한 관심이 커졌습니다. 입학하려는 아이들이 몰려들면서 시험까지 치러야 할 정도였습니다. 경쟁률이 자그마치 10 대 1에 달하는 때도 있었습니다. 부모가 아이의 손을 잡고 학교에 가면 면접관이 몇 가지 질문을 던졌습니다. 예를 들면, "형은 사과 세 개를 가지고 있고, 너는 사과 두 개를 가지고 있는데, 둘을 합하면 몇 개가 되냐?"라고 묻거나 "다른 사람이 네 발등을 밟아 피가 나면 넌 어떻게 할 테냐?"와 같은 질문을 던졌습니다. 광주공립보통학교에서는 입학시험에서 떨어진 400명의 아이들이 운동장에서 나가지 않고 한꺼번에 울음을 터트린 진풍경이 벌어지기도 했습니다. 이렇다 보니 반 하나에 학생 수가 80여 명이 되어 콩나물시루 같은 교실에서 공부할 수밖에 없었습니다.

갑자기 학교에 대한 인식이 달라진 데에는 여러 이유가 있었습니다.

1920년대 들어 일제는 조선을 강압적으로 통치하기보다는 문화적으로 통치하기 시작했습니다. 무력으로 제압하는 것보다 조선인이 일본인으로 자연스레 동화되는 정책이 더 낫다고 판단했기 때문입니다. 일본의 감시 아래 교육과 출판, 언론 쪽은 이러한 정책을 활발하게 도왔습니다. 1922년 2월에 일제는 '조선교육령'을 공포하며 일본과 동일하게 교육 기간을 다시 6년으로 바꾸었습니다. 기간은 일본과 같았지만 교육 목표는 황국신민을 양성하는 데 있었습니다.

이런 분위기 가운데 신학문에 대한 사람들의 인식도 바뀌었습니다. 3·1운동이 실패하면서, 조선의 독립이 당장에 어려우니 실력을 키워야 한다고 주장하는 인사들이 등장했습니다. 평범한 사람들 사이에서도 신식 교육을 받아야 나중에 총독부와 같은 안정적인 직장의 공무원이 되거나, 은행원같이 돈을 많이 버는 직장에 다닐 수 있다고 여겨 교육열은 날로 높아갔습니다.

1910년대 말, 전국에 보통학교는 약 500여 개였는데, 1930년에는 무려 1,800여 개에 달했습니다. 하지만 입학을 원하는 아이들 수에 비하면 턱없이 부족했습니다. 배움의 시기를 놓친 신용호가 뒤늦게 보통학교에 입학하고자 했지만 거절당했던 데에는 이런 이유가 있었습니다.

보통학교 수업 모습

2
커다란 산의 호랑이로 우뚝 서다

나침반 같은 신갑범과의 만남

경성에 도착한 용호는 효자동에 사는 신갑범을 찾아갔다. 신갑범은 아버지와 종종 편지를 주고받는 친척뻘 아저씨였다. 더군다나 셋째 형하고는 일본에서 같이 유학했던 친구 사이기도 했다. 신갑범은 도쿄에서 공부를 하고 와서 독립운동을 하고 있었다. 최근에는 제주의 청년들을 도와 농민조합운동*을 하다 일경에 잡혀 옥살이를 했다. 용호는 신갑범 아저씨라면 믿고 앞길을 의논해도 될 것 같았다.

신갑범은 용호를 반갑게 맞아 주었다.

"죽을 고비를 넘나든다고 들었는데 몸은 좀 어떤가?"

"염려 덕분에 말끔히 나았습니다."

농민조합운동 • 소작인을 중심으로 한 조합이 1920년대 후반에 농민조합으로 개편되었고, 일제로부터 농민들의 권익을 지키기 위한 운동을 벌였다.

"그것 참 다행이네. 그래, 경성에는 어쩐 일인가?"

"집을 몰래 나왔습니다."

용호는 주저 없이 곧이곧대로 대답했다.

"아니, 다 큰 청년이 가출이라도 했단 말인가?"

"독학으로 상업중학교 과정까지 마쳤으니, 가출이 아니라 자립이라 해야 옳을 것 같습니다."

"허어!"

신갑범은 놀란 눈으로 용호를 쳐다봤지만, 용호는 아랑곳하지 않고 말을 이어 갔다.

"병이 나은 지 얼마 되지 않다 보니 부모님께서 선뜻 허락해 주지 않으셨습니다. 그래서 어쩔 수 없이 몰래 상경하게 됐습니다."

"그랬군……."

신갑범이 보기에 용호는 체구는 작았지만 다부진 데가 있었다. 무엇보다도 속이라도 내보여 줄 것 같은 솔직함이 마음에 들었다. 하지만 집안 조카뻘 되는 청년이 집을 뛰쳐나온 사실은 그냥 지나칠 수 없었다.

"부모님 걱정이 얼마나 크겠는가, 당장 편지부터 드리도록 하게."

"네."

"그래, 경성에서는 대체 무엇을 할 참인가?"

"카네기 같은 큰 사업가가 되려고 합니다."

신갑범은 용호의 엉뚱한 대답에 깜짝 놀랐다. 조선에서는 카네기 같은 인물이 나올 상황이 못 되었다. 일본은 전쟁 준비에 혈안이 돼 조선을 끔찍이도 수탈했다. 막대한 자본을 앞세운 일본인 틈에서 조선인이 성공하는 것은 하늘의 별을 따는 것보다 어려운 일이었다.

학교도 나오지 못했고, 자본도 없는 스무 살 갓 넘은 청년이 장차 카네기가 되겠다는 말은 허풍으로밖에 들리지 않았다. 그러나 기를 꺾고 싶진 않아, 입술을 질끈 물고 말했다.

"조선인이라고 해서 큰 사업가가 되지 말란 법은 없지!"

"고맙습니다."

"묵을 데는 정했는가?"

"가까운 곳에 하숙집을 구했습니다."

"앞으로 시간 나는 대로 종종 들르게나. 자네와 세상 돌아가는 이야기를 나누면 내 응어리진 속도 좀 풀리겠네. 허허허."

용호는 고개를 크게 숙여 인사를 했다.

하숙집에 돌아와 펜을 들었다. 대문 밖에서 눈물 바람으로 서 있을 어머니 모습이 눈에 선했다. 용호는 어머니께 병을 딛고 일어서기까지 한결같이 믿어 주신 것처럼, 조선의 큰 사업가가 되어 금의환향할 때까지 기다려 달라고 편지를 썼다.

"후우!"

용호는 마음을 다잡고는 숨을 길게 뿜어냈다.

용호는 경성 곳곳을 누비고 다녔다. 백화점이나 시장은 물론이고 여러 관공서와 은행까지 샅샅이 훑었다. 을지로 입구에 있는 동양척식회사* 건물에도 들어가 봤는데, 절로 울분이 터졌다. 농토를 빼앗기고 소작농으로 전락해 굶주리던 고향 사람들이 떠올랐다. 소작농들을 위해 소작 쟁의를 벌이다 일경에 붙잡혀 옥살이를 했던 아버지와 큰형도 떠올랐다.

영등포에 있는 방직 공장도 찾아갔다. 철도 공작창*도 가서는 노동자들과 국밥을 나눠 먹으며 그들의 얘기를 낱낱이 듣고 기록했다. 두 달이 채 안 돼, 경성에서 용호의 발길이 서너 차례 이상 닿지 않는 곳이 없을 정도였다. 발 닿는 데마다 나라를 빼앗긴 설움이 가득했다. 억울한 일을 당하고도 하소연조차 못 하는 조선인이 수두룩했다. 가장 서글픈 것은 일본인보다 몇 배나 많은 일을 하고도 일본인의 반도 안 되는 급료를 받는다는 사실이었다. 용호는 이런 경성에서 과연 큰 사업가가 될 수 있을까 하는 회의가 들었다.

용호는 답답한 마음을 풀고자 남산에 올라갔다. 이마에 맺힌 땀을 닦으며 사방을 둘러봤다. 북한산을 등지고 한강을 바라보며 자리 잡은 경성의 모습이 한눈에 들어왔다. 500년 동안 모진 바람을 견뎌 낸 경성이 웬일인지 한 손에 움켜쥘 수 있을 만큼 작아 보였다.

동양척식회사 • 일제가 조선의 토지와 자원을 독점하고 빼앗을 목적으로 세운 회사.
철도 공작창 • 철도를 수리하고 관련 용품을 제작하는 곳.

용호는 주먹을 불끈 쥐고 고개를 흔들었다.

"경성은 꿈을 펼치기엔 너무 좁아!"

그러고는 한참 동안 혼자 묻고 답했다.

"그럼 어디로 가지? 일본?"

"아냐, 일본이나 조선이나 매한가지야."

"그럼 어디?"

"맞다! 중국이야!"

중국이라면 용호가 꿈을 마음껏 펼칠 만큼 크고 넓었다. 더군다나 일본이 만주를 점령하면서 중국 본토가 어수선한 시기˚이니 반드시 큰 기회가 기다리고 있을 거라 믿었다. 용호는 중국으로 건너가 사업을 펼치기로 결심했다. 하지만 무작정 갈 수는 없었다. 먼저 중국이 어떤 곳인지 치밀한 연구가 필요했다.

용호는 조선총독부 도서관˚부터 찾아갔다. 도서관에는 20만 권이 넘는 책과 자료가 있었다. 특히 일본이 침략 전쟁을 위해 연구한 자료들이 많았다. 만주, 시베리아, 몽골에 이르는 어마어마한 양이었다.

용호는 일본이 점령하고 있는 만주를 눈여겨봤다. 중국 본토보다는

만주 사변 • 1931년 9월 18일, 일본 관동군은 만주 철도 폭파 사건을 일으키고 이를 중국 군대의 소행으로 몰아 만주를 침략했다. 일본은 만주를 중국 침략을 위한 병참 기지로 만들 목적이었다.
조선총독부 도서관 • 조선총독부 산하에 있던 기관으로, 우리나라 최초의 국립도서관인 대한도서관의 설립을 위해 마련된 장서 10만여 권이 조선총독부 취조국에 몰수되어 이 도서관으로 이관되었다.

일본 말이 통하는 만주가 사업하기에 더 나을 것 같았다. 만주에서 생활비를 벌며 중국 말을 익힌 뒤에 본토로 들어가 꿈을 펼치기로 했다.

자료를 보니 만주 길목에 위치한 다롄이라는 지역이 눈에 띄었다. 산업이 발달한 데다가, 항구를 끼고 있어 일본 기업이 많이 들어와 있었다. 목포와 같이 항구 도시라는 점도 마음에 들었다. 현장을 배우기 위해 부둣가를 돌며 이것저것 눈여겨봤던 것들이 떠올랐다. 용호는 더 고민할 필요 없이 우선 다롄으로 가자고 마음먹었다.

용호는 다롄으로 가는 데 필요한 여비와 생활비를 따져 봤다. 계산해 보니 얼핏 100원(보통 회사원의 넉 달 치 월급) 정도가 필요했다. 100원을 벌려면 용호가 경성에서 1년을 일해야 모을 수 있는 큰돈이었다. 1년! 1년은 용호에게 너무나 긴 시간이었다. 궁리 끝에 신갑범을 찾아가 돈을 빌려 보기로 했다. 하지만 쉬이 입이 떨어지지 않았다. 아무 말 못 하고 그냥 돌아가려는데 신갑범이 용호를 붙잡았다.

"사업가의 길은 찾았는가?"

"경성은 제 꿈을 펼치기에는 너무 좁습니다."

"70만이나 사는 대도시 경성이 좁다는 게 말이 되나?"

"인구 문제가 아닙니다."

"그럼 대체 무엇을 따져 좁다는 말인가?"

"여기서 사업을 한다면 저는 유리병에 갇힌 나비나 다름없습니다."

"흠, 어째서?"

"경성에서 일본인은 우리 조선인을 머슴이나 짐승처럼 대합니다. 그들의 막대한 자본력을 당해 낼 재간도 없고요. 그래서 능력을 발휘해 볼 기회가 있는 대륙으로 가서 사업을 할까 합니다."

신갑범은 입을 벌린 채로 고개를 흔들어 댔다. 용호의 말이 허황되고 무모해 보였기 때문이다. 하지만 용호는 눈 하나 깜짝하지 않고 말했다.

"아저씨, 제 부탁 좀 들어주십시오."

"부탁이라니?"

"제게 100원만 빌려 주십시오."

"뭐, 100원?"

"네! 반드시 성공해서 이자까지 쳐서 갚겠습니다."

신갑범은 어처구니없어 입을 다물고 말았다. 용호는 무릎걸음으로 다가가서는 그동안 경성을 돌아본 느낌을 하나하나 차분하게 말하기 시작했다. 조선총독부의 자료들을 살펴보고 정리해 놓은 종이 뭉치까지 내놓았다. 맨 끝장에는 목포에서 독학하며 현장 학습을 했던 내용이 일일이 기록돼 있었다.

신갑범은 한참을 생각하고 난 뒤에 조심스레 물었다.

"그렇게 큰돈을 그냥 빌려 줄 수야 없지 않은가?"

"예?"

용호는 희망이 내비치는 말에 눈을 동그랗게 떴다.

"무슨 말씀이신지요?"

"예를 들면 담보 같은 것을 말하는 걸세."

신갑범은 용호를 시험해 보고 싶어져 장난기를 숨겼다. 용호는 자세를 바로 하고 앉으며 거침없이 대답했다.

"독학으로 쌓은 제 실력이 있지 않습니까!"

"잴 수도 없는 실력이라……."

"제 젊음과 포부도 담보로 드리겠습니다!"

"눈에 보이지도 않는 포부라……."

신갑범은 대답마다 말끝을 흐렸다. 아직까지는 용호의 실력을 믿지 못한다는 증거였다. 용호는 주먹을 불끈 쥐고 신갑범의 눈을 똑바로 쳐다봤다. 사려 깊은 신갑범이라면 자신의 능력을 알아줄 거라 확신했다.

신갑범은 지그시 감았던 눈을 떴다.

"좋다. 빌려 주겠네!"

"아저씨, 고맙습니다."

"대신 자네가 맡긴 담보가 쓸 만한 것인지 시험 좀 해 봐야겠네."

"네?"

용호는 어리벙벙한 눈으로 신갑범을 쳐다봤다. 신갑범은 빙긋 웃고는 방금 전에 보다 만 신문을 내밀었다.

"한번 읽어 보게나."

용호는 신문을 거침없이 읽어 내려갔다. 신갑범은 가만히 듣다가 중간중간 기사에 대한 생각을 묻곤 했다. 용호는 지금껏 익힌 지식과, 겪은 세상 물정을 아는 대로 차분히 대답했다.

신갑범은 일본어로 쓰인 전문 서적도 내밀어 봤다. 용호는 천 일 독서 덕에 막힘없이 술술 읽어 갔다. 가끔 어려운 용어로 물어보았지만 용호는 그 의미를 거침없이 대답했다. 신갑범은 그만 혀를 내둘렀다. 용호가 그간 독학으로 읽은 책이 얼마나 많은지, 지식이 얼마나 깊은지 짐작이 갔기 때문이다.

신갑범은 고개를 크게 끄덕였다.

"그만하면 됐네! 돈을 마련해 놓을 테니 며칠 뒤에 들르게."

"아저씨, 정말 고맙습니다. 이 은혜는 꼭 갚겠습니다."

신갑범은 대견한 마음에 용호의 등을 연방 토닥여 줬다. 이런 젊은이라면 분명히 일본 자본을 앞지를 큰 사업가가 되고도 남겠다는 확신이 들었다.

며칠 지나 신갑범은 용호를 집으로 불렀다.

"준비한 돈 여기 있네."

"아저씨……."

용호는 목이 메어 입을 열지 못했다.

"내 말 한마디만 명심하게. 독립운동은 총칼로만 하는 게 아니네. 자네처럼 사업가가 되어서 조선에게 일자리를 만들어 주고, 조선인의 자부심과 희망이 되어 주는 것도 독립운동이라고 생각하네. 스스로 일으킨 사업으로 사업가의 꿈을 이룬다는 것은 얼마나 자랑스러운 일인가?"

"네. 명심하겠습니다."

용호는 벌떡 일어나 큰절을 올렸다. 신갑범은 손사래를 치며 용호를 바로 앉히고 물었다.

"다롄으로 간다고 했지? 마침 다롄에 내가 일본에서 대학을 다닐 때 친하게 지낸 동창생이 사장으로 있는 회사가 있네. 소개장을 써 줄 테니 찾아가 보게. 일본인이긴 하지만 군국주의의 일본을 혐오하는 사람이니 도와줄 걸세."

"아저씨, 정말 고맙습니다. 고맙습니다."

용호는 경성에 온 지 다섯 달 만에 사업가의 길을 찾게 됐다. 그것도 일본인에게 차별을 받는 경성이 아니라 끝 간 데를 모를 정도로 광활한 대륙, 중국에서 말이다. 집으로 돌아오는 길에 좌우명을 되뇌었다. 언젠가 책에서 우연히 발견한 명구인데 용호에게 딱 맞아떨어지는 말이라 가슴에 새겨 놓고 있었다.

'길을 찾는다! 길이 없으면 만들어 간다!'

기관차가 돼 이끌고 가라

용호는 다롄행 열차에 올라탔다. 열차가 국경을 넘어 만주에 들어설 때는, 이미 어둠이 내려 있었다. 열차 삼등칸에는 조선인이 많았는데, 대개 늙은 부모와 아이들이 주렁주렁 달린 가족이었다. 일본인 지주의 횡포를 견디다 못해 만주로 땅을 찾아 나선 사람들이었다.

날이 밝자 차창 밖으로 드넓은 만주 벌판이 펼쳐졌다. 가도 가도 끝없는 들판이 이어졌다. 조선인들은 넋을 잃고 내다봤다. 저마다 머릿속에는 고향에서 일본인 지주의 땅을 소작하면서도, 따로 텃밭을 일구던 기억이 떠올랐다.

용호 역시 그랬다. 소작농들은 남의 땅을 일구는 것만으로는 생계를 유지할 수 없었다. 집집마다 텃밭을 가꾸어야만 그나마 살아갈 수 있었다. 힘쓰는 청년들은 대부분 소작논에서 농사를 지었고, 텃밭은 늙은

부모 몫이었다. 그런데 추수할 때는 이상한 일이 벌어졌다. 소작논의 농작물보다 텃밭 농작물이 훨씬 잘되는 게 아닌가.

용호는 의아해서 어머니에게 물은 적이 있었다.

"어머니, 참 이상해요."

"뭐가 말이냐?"

"기름진 소작논보다 돌무더기 텃밭에서 농사가 훨씬 잘되잖아요."

어머니는 빙긋 웃으며 되물었다.

"텃밭 주인은 누구지?"

"그야 우리죠."

"그럼 소작논 주인은 누구지?"

"당연히 일본인 지주잖아요."

용호는 치를 떨며 대답했다. 기껏 농사를 지어 놓으면 과한 이자를 매겨 홀라당 빼앗아 가는 악덕 지주들이 떠올랐기 때문이다. 어머니는 그런 용호의 등을 토닥이며 찬찬히 설명을 해 주었다.

"텃밭은 농사를 지으면 내 것이 되니까 물만 주어도 정성이 우러나 거름이 된단다. 하지만 뼈 빠지게 농사를 지어도 절반이 넘게 일본 지주에게 빼앗기는 소작논에는 거름도 물이 돼 버리는 법이란다."

"정말이요?"

용호는 믿을 수 없다는 눈으로 어머니를 바라봤고, 어머니는 용호와 눈을 맞추며 연방 고개를 끄덕였다. 그때만 해도 어려서 어머니의 말뜻을 제대로 이해하지 못했다.

사람들은 만주 벌판을 내다보며, 맘껏 농사지을 수 있는 내 땅을 가질 거라는 희망에 차 있었다. 용호도 반드시 성공해 사업가의 꿈을 이뤄 금의환향하겠다고 몇 번이나 다짐했다. 사업을 일으키는 것도 독립운동을 하는 거라는 신갑범의 말이 귓전에서 떠나지 않았다.

열차는 선양을 거쳐 다롄 역에 도착했다. 역에 첫발을 내디뎠을 때 익숙한 갯내가 풍겨 왔다. 다롄은 목포와 비교가 안 될 만큼 컸다. 일본인만 15만 명이 살고 있을 정도였다.

용호는 신갑범의 소개장을 들고 후지다 상사를 찾아갔다. 후지다 상사의 사장은 용호를 한눈에 알아봤다.

'신갑범이 호랑이 새끼 한 마리를 보내 준 게 틀림없어!'

체구는 작지만 용호의 다부진 눈과 꽉 다문 입술에서 강단이 느껴졌다. 믿을 만한 친구인 신갑범이 함부로 사람을 소개할 리 없다는 생각에 신뢰가 갔다.

사장은 소개장을 훑어보면서 질문을 몇 가지 했다. 시시콜콜한 집안 얘기도 있었지만, 한 치 앞이 보이지 않는 세계정세를 묻기도 했다.

용호는 사장이 일본인이란 사실에 개의치 않고, 도서관에서 공부했던 자료를 바탕으로 소신 있게 대답을 했다.

사장은 당당해 보이는 용호가 마음에 들었다.

"신갑범 친구가 추천하였다니 내 믿고 채용하겠소. 하지만 신입 사원은 연수를 받아야 하니까, 신 군이 일할 수 있는 부서는 연수를 마치고 난 뒤에 결정하겠소."

"감사합니다."

용호는 고개를 숙여 인사를 깍듯이 했다.

후지다 상사는 일본에서 자동차나 선박 수리에 필요한 부품과 갖가지 철강 제품을 수입해 중국에 팔고, 중국에서 나는 석탄과 콩 같은 농산물을 일본에 수출하는 종합 상사였다.

용호는 목포에서 현장 학습을 했던 때를 떠올렸다. 시장의 물건이 들고나는 것을 속속들이 알고 난 뒤부터 상인들은 용호를 함부로 대하지 못했다. 후지다 상사에서도 마찬가지일 거라고 생각했다. 회사를 샅샅이 알고 나면 어느 누구도 무시하지 못할 거라 여겼다.

용호는 회사에 대해 꼼꼼하게 조사하기 시작했다. 규모가 큰 후지다 상사는 만주 일대의 여러 지역에 전문 도매점을 세워 두고 관리하고 있었다. 본사는 도매점에 물건을 주고, 도매점은 그 물건을 팔아 일정 비율의 이익을 챙기는 방식이었다.

조사하다 보니 뜻밖의 성과가 나왔다. 다롄과 뤼순에는 도매점이 없었다. 이 두 지역은 항구 도시다 보니 큰 회사가 많아 본사에서 직접 물건을 납품했기 때문이다. 그래서 작은 회사 거래처들은 거의 방치되다시피 돼 있었다. 용호는 이런 틈새를 놓치지 않았다.

용호는 본사의 여러 직원들을 만나고 다녔다. 만날 때마다 봇물 터트리듯 질문을 쏟아 냈다. 직원들은 용호만 보면 슬금슬금 피하며 귀찮아하다가 나중에는 인상을 찌푸리며 역정까지 냈다.

어느 날 용호는 판매 부서의 직원을 붙잡고 늘어졌다.

"도매점에 판매 이익은 얼마나 주죠?"

"도매점 해 보려고? 꿈도 꾸지 말라고. 도매점을 내려면 자네 월급을 100년 치 모아도 모자란다고."

"그래도 좀 알려 주세요."

"판매한 금액의 15퍼센트를 주네, 됐나?"

"아, 100원을 팔면 15원이 이익인 셈이군요."

직원은 길을 가다 말고 휙 돌아서서 쏘아붙였다.

"조선인 주제에 작작 좀 설쳐 대라고, 알았나?"

"아, 예."

용호는 개의치 않고 씨익 웃어 넘겼다.

사업가가 되려면 이런 수모쯤은 못 들은 체 넘어 갈 수 있는 배포도 필요했다. 직원 말대로라면 도매점을 직접 운영하는 것은 하늘의 별을 따는 거나 다름없었다.

용호는 어기적거리며 걸어가는 일본인 뒤꽁무니에 대고 나지막하게 소리쳤다.

"난 너희들 뒤나 따라가려고 대륙에 온 게 아니야. 기관차 머리가 되어 맨 앞에서 이끌고 나가는 사업가가 될 테니, 두고 보라고!"

용호는 신발이 닳도록 시장을 훑고 다녔다. 회사에 이익을 주면서 자신도 큰돈을 벌 수 있는 묘안을 찾기 위해서였다. 그게 병마와 싸우느라 잃어버린 시간을 되찾을 방법이었다. 그리고 신갑범과 약속한 민족을 위한 사업가가 되는 데 성큼 다가가는 길이기도 했다.

연수가 끝나자 사장이 용호를 불렀다.

"연수 성적이 아주 우수하다고 들었소. 원하는 부서로 보내 줄 테니 가고 싶은 곳을 말해 보시오."

"저어……."

용호는 원하는 게 있었지만 망설였다. 조선인을 대놓고 무시하는 일본인들이 왠지 쉽게 허락해 주지 않을 것 같았다. 더군다나 용호는 보통학교 졸업장도 없고, 이제 갓 스물을 넘긴 청년이었다. 그때, 불쑥 늘 되뇌던 좌우명이 떠올랐다.

'길을 찾는다! 길이 없으면 만들어서 간다!'
용호는 다시 한 번 되뇌고 나서 용기를 내 말했다.
"후지다 상사에 없는 특별한 부서로 가고 싶습니다."

"무슨 말이오?"
사장은 뜨악한 표정을 지었다.
용호는 기다렸다는 듯이 품속에서 서류를 꺼내 내밀었다. 연수 기간 내내 발품을 팔아 연구하고 조사한 것들이었다.
"한번 검토해 주십시오."
사장은 얼떨떨한 표정으로 서류를 받아 들었다. 잠시 무거운 침묵이 흘렀다. 사장은 서류를 넘기며 꼼꼼하게 살피기 시작했다. 용호가 짐작한 대로 사장은 아주 사려 깊은 사람이었다. 그렇지 않았다면 이제 갓 들어온 사원이 내민 서류 따위는 거들떠보지 않았을 것이다. 용호는 바짝 타들어 가는 입술을 깨물며 사장의 표정을 살폈다. 서류를 읽던 사장의 눈이 휘둥그레졌다.

"어떻게 이런 기막힌 생각을 했소?"

"주제넘었다면 용서하십시오."

용호는 고개를 숙이며 겸연쩍어 했다. 그러고는 안도의 한숨을 내쉬었다. 일본인 직원처럼 사장도 비아냥대면 어쩌나 싶어 내내 가슴을 졸였다. 그런데 사장은 일어나 용호의 손을 덥석 쥐며 말했다.

"아니, 아니오. 아주 멋진 계획이오."

"저, 정말입니까?"

사장은 손에 힘을 주면서 고개를 연방 끄덕였다.

사장실 문이 벌컥 열리며 일본인 직원이 들어왔다. 머리카락이 하얗게 셌고 돋보기 안경을 쓴 걸로 봐서 회사에서 일한 지 오래돼 보였다. 사장은 그 직원에게 대뜸 계획서를 내밀었다.

"마침 잘 왔소. 이것 좀 보시오."

직원은 안경 너머 째진 눈을 깜빡거리며 계획서를 읽기 시작했다. 가끔씩 안경을 추어올리며 코를 킁킁댔다. 그러면서 용호를 힐끔 쳐다보기까지 했다. 계획서 아래 용호의 이름이 떡하니 적혀 있는 탓이었다.

사장이 돋보기를 쓴 직원을 다그쳐 물었다.

"어떤가?"

"좋은 생각이긴 합니다. 하지만……."

"하지만 뭐인가?"

"이자를 어떻게 믿고 이런 큰 사업을 맡길 수 있겠습니까? 그것도 새파란 조선인에게……."

직원은 사장과 용호를 번갈아 보며 고개를 저었다. 계획서에는 다롄에 도매점을 내어 용호에게 운영을 맡긴다는 내용이 들어 있었다. 누가 봐도 아직 새파란 신입 사원에게 함부로 맡길 사업이 아니었다. 더군다나 용호는 일본인이 미개인 취급하는 조선인이었다.

그러나 계획서는 눈이 번쩍 뜨이도록 기발했다. 다롄에 도매점을 세우고 그 밑에 도매점이 관리하는 여러 지점을 두어, 각 지점에 십여 명의 판매원을 두자는 내용이었다. 대신 판매원들은 월급을 따로 정하지 않고, 일하는 만큼 더 가져갈 수도 있고, 적게 가져갈 수도 있는 방식이었다. 이런 조건이라면 누구라도 월급을 많이 가져갈 욕심으로 열심히 일을 할 것 같았다.

사장은 지금껏 이런 방식은 듣도 보도 못했다. 도매점에 물건만 대주면 그만이지, 물건을 어떻게 파는지는 알 바 아니었다. 그런 것까지 신경을 쓰지 않아도 도매점에서 알아서 물건을 팔아 왔기 때문이다. 그러다 보니 회사는 여태까지 고만고만한 성장밖에 하지 못했다. 그런데 용호의 제안대로 도매점을 운영하게 되면, 판매원들이 다롄 곳곳을 누비며 제 일처럼 물건을 팔아 올 것이다. 회사에도 큰 이익이 돌아올 거였다.

사장은 잠깐 골똘히 생각에 잠겼다가 돋보기를 쓴 직원을 빤히 쳐다봤다. 오랫동안 함께 일해 온 직원의 의견을 대놓고 묵살해서는 안 되었다. 그랬다간 조선인을 감싼다는 이유로 직원들 사이에 불화가 일어날 수도 있었다.

사장은 조심스럽게 말을 꺼냈다.

"섣불리 결정을 내릴 수가 없겠소. 오늘 밤 좀 더 생각을 해 보고 내일 결정하도록 하겠소."

"고맙습니다."

용호가 인사하자 직원이 입꼬리를 올리며 용호를 쏘아봤다. 용호는 실망하지 않고 성공을 확신했다. 텃밭이 소작논보다 훨씬 농사가 잘된다는 어머니의 말씀을 빌려 와 세운 계획이었기 때문이다.

후지다 사장이 다음 날 일찍 용호를 불렀다.

"자네에게 다롄 도매점의 운영을 맡기겠소. 대신 이 사업이 실패로 돌아가면 어떡하겠는가?"

"절대 그럴 리 없습니다."

용호는 확신에 찬 대답을 했다.

"아무리 그래도 이 사업이 실패하면 여기에 들어간 돈은 자네가 갚아야 하네."

"네?"

"뭘 놀라는가? 몇 년이라도 좋으니 우리 회사에서 일을 하며 갚으면 될 것 아닌가. 허허허."

사장은 뜬금없이 호탕하게 웃었다. 사장도 이 사업이 절대 실패할 리 없다는 것을 잘 알았고, 농담으로라도 용호를 오래도록 붙잡아 두고 싶은 마음을 표현했던 것이다.

"네, 좋습니다."

용호는 흔쾌히 대답했다. 그리고 사장이 내민 계약서에 이름을 쓰고 지장을 꾹 찍었다. 직원은 사장 옆에서 용호를 흘겨보며 입술을 이죽거렸다. 은근히 실패를 바라는 눈치였다.

드디어 사업가로서의 첫발을 내딛게 됐다. 용호는 다롄 도매점의 점장이 돼서 직접 지점을 여러 개 만들었다. 이를 지켜본 일본인 직원들의 시기와 질투가 빗발쳤다. 사사건건 트집을 잡는가 하면 꼬투리 잡을 게 없나 만날 감시까지 했다.

판매원을 뽑을 때 일이었다. 용호는 사원을 뽑는 데 필요한 돈을 본사에 요청했다. 도매점이 자리를 잡을 때까지 본사에서 돈을 대고 나중에 장사를 해 갚는다는 계약이 이루어진 상태였다.

사장이 용호를 불렀다.

"아니, 판매원을 신문 광고로 뽑는다며?"

"그렇습니다."

"회사 건물 앞에 구인 광고지를 붙이기만 해도 일하겠다는 사람들이 떼로 몰려올 텐데 그럴 필요가 있는가?"

사장은 고개를 갸웃갸웃했다. 옆에 있던 돋보기를 쓴 직원도 그 말에 맞장구치며 호통을 쳤다.

"자네, 혹시 돈을 빼돌리려는 수작은 아닐 테지?"

"절대 아닙니다."

용호는 직원을 노려보며 입술을 꾹 물었다.

"그렇지 않다면 이유를 말해 보게나."

"제가 계획한 판매 방식을 신문 광고로 알리면 다롄 곳곳에서 유능한 사람들이 몰려들 것입니다. 적당히 일하고 적당한 월급만 받아 가려는 평범한 판매원보다는 자신이 회사의 주인이라 생각하고 열심히 뛰어다닐 사원이 필요합니다. 그들은 신문 광고에 들어간 비용보다 수천 아니 수만 배 더 많은 돈을 벌어 올 것입니다."

"허어."

사장은 할 말을 잃고 말았다. 의심스런 눈초리를 보내던 직원도 입을 꾹 다물어야만 했다.

용호의 주장대로 다롄 도매점은 대문짝만한 신문 광고를 냈다.

'후지다 상사의 다롄 도매점에서 능력 있는 비례급(比例給) 판매원을 모십니다!'

　모두들 '비례급 판매원'이라는 명칭의 뜻을 몰라 고개를 갸웃하다가, 아랫부분에 적힌 내용을 읽어 보고는 눈을 동그랗게 떴다. 다롄 도매점은 종업원이 아니라 마치 주인이라도 뽑는 것 같았다. 일정한 월급만 받는 게 아니라 열심히 뛰어서 많이 파는 만큼 월급을 더 받아 갈 수 있다니 그렇게 여겨질 만도 했다.
　예상대로 능력이 뛰어난 젊은 사람들이 벌 떼처럼 몰려들었다. 우수한 사원을 뽑고자 했던 용호의 계획이 맞아떨어진 셈이었다. 뒤에서 지켜보던 사장은 몹시 흡족해 했다. 일본인 직원들의 기가 꺾이기 시작한 것도 그때부터였다.
　용호는 판매원들을 철저히 교육시켜 현장에 내보냈다. 항상 겸손하고 친절할 것을 강조했고, 상품에 대한 전문적인 지식을 쌓도록 교육도 빠뜨리지 않았다. 무엇보다도 고객에게 성실한 모습을 보여 주어 믿음을 얻으라고 늘 당부했다.

용호는 백 번의 교육보다도 한 번의 본보기가 낫다고 생각했다. 그래서 판매원들과 똑같이 상품을 팔러 다니기도 했다. 그러다 보니 늘 시간에 쫓겼다. 판매원들을 교육시키랴, 열 개나 되는 지점을 관리하랴, 하루가 턱없이 부족했다. 집에 오고 가는 시간을 아끼기 위해 사무실에서 쪽잠을 자기 일쑤였다.

쪽잠을 자야 하는 바쁜 일과 중에도 거르지 않는 게 하나 있었다. 바로 운동이었다. 어릴 때 폐병을 앓았던지라 용호는 몸집이 작고 허약했다. 영하 40도를 밑도는 이곳 추위와 싸우려면 무쇠처럼 단단한 몸이 필요했다. 그래서 이름 앞에 대산(大山)이란 호를 붙이고, 스스로 '큰 산의 호랑이'가 되자고 다짐하며 몸과 마음을 단련했다. 큰 산은 다름 아닌 고향 영암의 월출산을 의미했고, 호랑이는 자신의 이름 끝 자인 '호랑이 호(虎)' 자에서 가져온 것이었다.

큰 산의 호랑이, 신용호가 대리점을 연 지 석 달이 지날 때였다. 어느 날 본사에서 돋보기를 쓴 직원이 다롄 도매점을 찾아왔다. 척 봐도 뭔가 트집을 잡아 쫓아낼 궁리를 하는 눈치였다. 용호는 그런 그를 거들떠보지도 않았다. 직원은 화가 나서 사무실 구석구석을 살피고 다녔다.

그러다가 눈을 번쩍 뜨고 소리쳤다.

"아니, 자네 의자는 왜 저 모양인가?"

"무얼 말입니까?"

"딱딱하고 낡은 나무 의자인 이유가 뭔가. 혹시, 회사 물건을 집으로 가져간 건 아니겠지?"

"네에?"

용호는 어이가 없어 눈을 동그랗게 떴다.

"그럴 줄 알았지. 의자뿐이 아닐 거야. 다른 것도 조사해 봐야겠어."

용호는 기가 막혀 할 말을 잃어버렸다. 그때 불쑥 경리를 보던 여직원이 끼어들었다.

"그게 아닙니다."

"뭐가 아니야. 여기 증거가 이렇게 있는데도!"

"점장님은 원래부터 나무 의자였어요. 회사 일 때문에 밤새는 날이 많은데 의자가 푹신하면 잠이 쏟아진다고 일부러 나무 의자를 주문하셨습니다."

"뭐, 뭐라고?"

돋보기를 쓴 직원은 믿지 못하겠다는 얼굴로 용호와 여직원을 번갈아 봤다. 여직원은 구입한 비품들을 정리한 장부를 내보였다. 그것을 훑어본 직원은 얼굴이 홍당무처럼 붉어졌다. 그러다가 용호를 흘끔 쳐다보고는 깜짝 놀랐다. 작고 초라해 보이기만 하던 용호가 오늘따라 커

다랗게 느껴졌기 때문이다. 그간 용호를 우습게 봤던 직원은 붉어진 얼굴을 문질러 대며 달아나듯 꽁무니를 뺐다.

여직원은 고소해하며 어깨까지 들썩이며 웃었다. 여직원은 본사에서 보낸 일본인이었는데도 조선인인 용호를 두둔했다. 밤잠을 쫓으며 일을 하는 성실함에 감복했기 때문이다. 다롄 도매점의 판매원들도 나중에는 이런 용호를 쏙 빼닮아 갔다.

용호의 예상은 적중했다. 판매가 나날이 늘기 시작하더니, 도매점 문을 연 지 넉 달이 지나면서는 판매원의 수가 100명에 이를 정도로 급성장하게 됐다. 물론 도매점을 열 때 들어간 돈은 충분히 갚고도 남았다. 사원들도 물건을 판 금액에서 5퍼센트의 수당을 받는지라 월급이 점점 늘어났다.

어느 날이었다. 돋보기를 쓴 직원이 새파래진 얼굴로 사장실로 뛰어들어왔다.

"사장님 큰일 났습니다!"

"뭔가? 불이라도 났는가?"

"네, 네……."

직원은 숨을 헐떡거리느라 말을 잇지 못했다. 사장은 놀란 눈으로 다그쳤다.

"당장 불 끄러 나가지 않고 뭐하는가? 어?"

"그 불이 아니고 다롄 도매점 판매 실적에 불이 났단 말입니다."

사장과 돋보기를 쓴 직원은 서로 얼굴을 보다가 곧 웃음을 터트렸다. 직원은 침이 마를 정도로 용호를 칭찬하기 시작했다.

"신용호의 사업 수완이 보통이 아닙니다."

"거 보게. 내가 호랑이 새끼, 아니 호랑이라고 하지 않았던가."

"다롄 도매점 덕에 다른 도매점도 덩달아 실적이 올라가고 있습니다."

"그게 사실인가?"

"너도나도 '비례급 판매원' 방식을 따라 하고 있습니다."

"허허, 그 정도일 줄은 몰랐는걸! 중국 땅에 이만한 사업가는 아마 없을 게야."

후지다 상사는 다롄 도매점 덕분에 큰 이익을 보았다. 물론 점장인 용호도 큰돈을 벌었다. 남이 가는 길보다는 새로운 길을 찾고, 그 길을 기관차 머리가 돼 끌고 달려가겠다는 용호의 신념 덕분이었다. 용호는 사업가로서의 첫발을 보기 좋게 내디딘 게 마냥 기뻤다.

떠나라 낯선 곳으로

다롄 도매점을 연 지 1년이 지났다. 고향을 떠나온 지도 1년 6개월이 되었다. 용호는 무엇보다도 어머니가 보고 싶었다. 아니, 홀로 하숙을 치는 어머니가 못내 걱정됐다.

용호는 고향에 다녀오기로 했다. 다행히 사장도 쉬이 허락을 해 주었다. 뿐만 아니라 용호가 돈을 찾아 쓸 수 있도록 경성에 연통까지 넣어 주었다. 용호는 설레는 마음으로 경성행 열차에 탔다.

맨 먼저 효자동으로 가 신갑범을 찾았다. 둘은 그간의 일을 편지로 나누고 있었다. 신갑범은 뛰어나와 용호를 맞았다.

"축하하네, 정말 장하네."

"모든 게 아저씨 덕분입니다. 고맙습니다."

용호는 신갑범에게 큰절을 올렸다. 그러고는 신갑범에게 빌렸던 100

원에 넉넉한 이자까지 쳐서 갚았다. 신갑범은 흐뭇한 미소를 지으며 말했다.

"틀림없이 성공할 줄 알았네. 하지만 돈이 좀 벌린다고 해서 그곳에 오래 머물러서는 안 되네. 자네는 젊고 패기가 넘치니 다롄을 떠나 애초에 품었던 사업가의 꿈을 펼쳐 보면 어떻겠나? 자네라면 어떤 어려움도 이겨 내고 꼭 꿈을 이룰 것이라 믿네."

용호는 절로 고개가 숙여졌다. 최근 들어 작은 성공에 우쭐해 있었는데, 채찍 같은 충고가 정신을 번쩍 들게 했다. 늘 인생의 나침반 역할을 해 주는 신갑범이 고마웠다.

신갑범이 넌지시 입을 뗐다.

"자네의 성공을 축하하는 의미에서 내 좋은 사람을 소개해 주지."

"어떤 분이십니까?"

"날 따라와 보면 아네."

신갑범은 용호를 이끌고 명륜동의 아담한 한옥 집으로 갔다. 대문을 열고 들어서자 누군가 기다렸다는 듯 반갑게 맞아 주었다.

"어서 들어오게나."

"반갑네, 육사!"

용호는 제 귀를 의심했다. 육사라면 시인이자 독립운동가인 '이육사'가 아닐까 생각했다. 이육사는 만주에서 의열단*으로 활동하며 독립운동을 하였고, 경성으로 돌아와서는 시를 쓰며 항일 운동을 하고 있었다. 1927년 처음으로 감옥에 갇혔을 때 죄수 번호가 264번이어서 '이육사'라 불린다 들었다.

신갑범은 육사에게 용호를 소개했다.

"혹시, 도쿄에서 음악을 공부한 신용원 군을 기억하는가?"

"알다마다! 공연을 할 때 꼭 부르게 돼 있는 일본 찬양가 〈우미유카바〉를 끝내 부르지 않아 감옥에 들락거린 친구가 아닌가."

"바로 이 젊은이가 신용원의 동생, 신용호네."

"아하, 그런가?"

육사는 용호의 손을 맞잡고 반갑게 흔들어 주었다. 신갑범은 육사에게 용호에 대한 이야기를 해 주었다. 학교에 가지 못해 독학으로 실력을 쌓았고, 다롄에서 그 실력을 발휘해 작은 성공을 거뒀으며 앞으로 큰 사업을 일으켜 민족에 도움이 되는 사업가가 될 젊은이라고 칭찬을 했다.

육사는 고개를 끄덕이며 덕담을 해 주었다.

"형만 한 아우 없다고 했는데 그 말이 틀렸군!"

"과찬이십니다."

"신 군, 일본이 조선에 들어와서 가장 먼저 한 짓이 뭔 줄 아는가?"

"……"

의열단 • 1919년 중국 만주 지린성에서 조직된 비밀 항일 운동 단체로 일제에 무력으로 맞섰다.

"총칼부터 들이댄 게 아니라네. 일본은 조선의 상권부터 먼저 빼앗아 갔네. 신문물을 일찍 받아들인 일본은 진기하고 새로운 물건을 조선에 들여와 상점을 열었다네. 코딱지만 한 조선 상점들이 버텨 내질 못했지. 일본 상점들은 순식간에 조선의 상권을 쓰러뜨리고 재물을 끌어모았지. 조선은 그때부터 무너지기 시작한 거야."

"아, 그렇군요."

"자네와 같은 사업가들이 일본 사업가보다 앞선 생각과 행동으로 상권을 되찾는다면 우리 조선의 독립도 머지않을 거라 보네."

"명심하겠습니다."

용호는 육사의 손을 맞잡고 고개를 숙였다. 그러고는 육사의 충고처럼 중국에서 돈을 벌어, 그 돈으로 내 나라 내 강토에서 사업을 일으키겠다고 다짐했다.

용호는 육사의 집을 나온 뒤에 목포로 향했다. 어머니는 여전히 하숙을 치며 고생하고 있었다. 어머니는 집에 온 용호를 끌어안고 끝없이 눈물을 흘렸다. 몸이 약한 아들이 머나먼 중국에서 돌아오지 못할까 걱정이 많았는데, 건강한 아들의 모습을 보고는 안도의 한숨을 내쉬었다.

"어머니, 이 돈 받으십시오."

"아니, 웬 돈이니?"

"제가 다롄에서 조그만 사업을 해서 돈을 좀 벌었습니다. 얼마 안 되지만 살림에 보태 쓰세요."

어머니는 용호가 내민 돈 보따리를 풀어 보고 깜짝 놀랐다. 하숙 치는 집을 사고도 고향에 논을 몇 마지기는 살 수 있을 만큼 큰돈이었다. 어머니는 용호의 손을 부여잡고 눈물을 흘렸다.

용호는 오랜만에 목포에서 편한 나날을 보냈다. 독학할 때 많은 도움을 줬던 강일구와 유달산에 올라, 목포 항구를 돌던 시절을 떠올리기도 했다. 용호는 몇 날을 보낸 후, 가족의 환송을 받으며 다롄으로 돌아갔다.

1938년 새해가 밝아 왔다. 용호가 스물두 살이 되던 해였다. 중국 곳곳은 한창 중일 전쟁* 중이었다. 만주를 점령한 일본이 중국 본토를 침략했다. 그렇지만 전쟁의 여파가 미치지 않았던 다롄의 거리는 용호의 청춘처럼 활기찼다.

살얼음판을 걷는 듯 위태로운 세상이었다. 잠잠해질 때까지 그저 도매점 일만 열심히 하는 게 상책이었다. 그런데 용호는 자꾸만 신갑범과 육사가 해 준 충고가 떠올랐다. 두 사람이 한목소리로 작은 성공에 만족하지 말고 커다란 꿈을 좇아가라고 다그치는 것 같았다.

"떠나라, 낯선 곳으로!"

용호는 몇 날 며칠을 고민하다 결론을 내렸다. 앞으로 6개월 동안은

중일 전쟁 • 1931년 9월 만주 사변을 일으킨 일본은 아시아의 패권을 차지하기 위해, 다시 1937년 중국을 상대로 중일 전쟁을 일으켰다.

다롄 도매점에서 최선을 다해 일한 다음, 7월에 미련 없이 떠나기로 했다. 대륙 곳곳을 돌아보며 어떤 사업을 일으킬지 궁리를 해 보자고 결심했다.

용호는 6개월을 열심히 일했다. 그러고는 7월에 접어드는 날, 미련 없이 후지다 상사에 도매점을 넘겼다. 사장이 펄쩍 뛰며 붙잡았지만 용호는 고집을 꺾지 않았다. 사장은 용호를 위해 신분증과 출장 증명서를 만들어 주며 못내 아쉬워했다.

용호는 맨 먼저 만주로 향했다. 만주는 농업 이민 정책으로 조선인이 많이 이주해 있었다. 일제는 조선에서와 마찬가지로 '개척'이라는 명분을 걸고 중국인의 땅을 야금야금 빼앗아 가고 있었다. 용호는 만주국•의 수도인 신징으로 갔다. 신징에는 이주해 온 일본인이 10만 명이나 살고 있어서 일본이나 다를 바 없었다. 시내를 순찰하는 일본 헌병들이 중국인을 폭행하는 모습도 곳곳에서 눈에 띄었다. 용호는 차마 더 지켜볼 수 없어서 하얼빈행 열차를 탔다.

하얼빈 역에서는 일부러 안중근 의사의 체취를 찾아 나섰다. 안중근 의사가 이토 히로부미•를 저격했던 그때를 상상하며 그 자리에 서 보

만주국 • 만주 사변 직후에 1923년 일제가 만주에 세운 괴뢰 국가로 청나라의 마지막 황제인 푸이를 황제로 내세웠지만, 실질적으로 다스린 것은 일제 관동군이었다.
이토 히로부미 • 근대 일본의 정치가로 을사늑약 당시 대한제국에 파견됐다. 일제는 조약 체결로 대한제국의 외교권을 박탈했고, 내정 간섭을 위해 조선통감부를 설치했다. 이토 히로부미가 초대 통감으로 부임했다. 1909년 안중근의 저격으로 사망했다.

기도 했다. 자연히 고향에서 항일 운동을 하는 아버지와 큰형의 얼굴이 생각났다. 그에 비해 자신은 철부지에 가깝다는 자책을 했다.

용호는 하얼빈을 떠나 무단강과 자무쓰 등지를 여행했다. 어디를 가

나 일본인 개척단이 있었다. 일제는 군대와 경찰을 동원해 중국 농민들을 내쫓고 일본인 개척단에게 토지를 내주었다. 허울은 황무지를 개간한다는 명분이지만, 실제로는 중국인의 노동력을 이용해서 군용 식량을 조달하려는 목적이었다. 개척단은 거리낌 없이 농사를 짓고, 함부로 나무를 베어 내다 팔아 부유한 생활을 했다. 그 바람에 중국인들은 고향을 떠나 부랑자가 되거나, 막노동을 하며 근근이 살아갔다. 고향에서 횡포를 견디다 못해 만주로 건너온 조선인들과 처지가 별반 다르지 않았다.

용호는 울분을 참으며 베이징으로 가는 징하선 열차를 탔다. 가까운 거리라고 들었는데도 꼬박 이틀이나 걸렸다. 베이징 역에서도 일본 헌병들의 검문을 받았다. 용호는 신분증과 출장 증명서를 가지고 간 덕분에 후지다 상사에서 일하는 직원인 양 문제없이 통과했다.

베이징은 일본의 점령을 받은 지 1년이 넘어가고 있었다. 가까운 산시성●에서는 일본군과 중국 팔로군●이 전쟁을 벌이고 있었다.

그런데도 사람들의 일상은 평온해 보였다. 수입 상품과 귀금속을 파는 백화점은 사람들로 붐볐고, 번화가 역시 인파로 넘쳐 났다. 용호는

산시성 ● 중국 동부에 있는 성으로 국민당의 지배 아래 있었으나, 중일 전쟁 시기에 대부분이 일본군의 점령을 받으면서, 일본군과 싸우는 중국 공산당의 '팔로군'이 게릴라 공격을 하는 주요 무대가 되었다.
팔로군 ● 일본군과 싸운 중국 공산당의 주력 부대로 정식 명칭은 '국민 혁명군 제8로군'이다.

다롄에서처럼 베이징을 낱낱이 살피고 다녔다.

그러다 우연히 포목점을 운영하는 첸이라는 사람을 만났다. 첸 사장은 용호가 자라 온 얘기를 듣고 감탄하며, 용호가 베이징에 있는 동안 여러 유익한 정보들을 알려 줬다.

어느 날 용호는 첸 사장에게 넌지시 말했다.

"베이징은 보름만 더 둘러볼까 합니다."

"그럼 그다음 여행지는 어디인가?"

"충칭을 거쳐 상하이로 갈 생각입니다."

"뭐? 자네 제정신인가?"

첸 사장이 펄쩍 뛰며 말렸다.

"아니, 왜 그러십니까?"

"충칭까지는 일본군이 점령한 지역을 통과해야 할 뿐더러 공산당인 팔로군이 장악한 지역까지도 지나쳐야 한다네. 그다음이 국민당 장제스•군이 통치하는 곳이긴 한데……."

첸 사상은 말꼬리를 흐리며 걱정스러운 눈빛으로 용호를 봤다. 가는 여정도 만만치 않았다. 기차와 자동차와 배를 번갈아 타며 무려 한 달이나 가야 했는데, 무엇보다도 중국의 팔로군이나 장제스군은 조선인

장제스 • 쑨원의 뒤를 이은 중국 국민당 혁명군의 지도자로 공산당을 탄압했다. 1927년 4월, 난징에 중화민국 정부를 세우고, 1928년에 베이징을 점령했다. 만주 사변 이후에는 '내정을 안정시킨 후에 의적을 물리친다'는 방침을 세워 국내 통일을 추진했다.

인 용호를 일본군 첩자로 오인해 죽이거나, 강제로 군대에 넣어 버릴 위험도 있었다.

용호는 고개를 살래살래 흔들며 대답했다.

"상하이로 곧장 가는 열차를 타는 게 낫겠군요."

"그게 좋겠군."

첸 사장도 고개를 끄덕였다.

용호는 보름 뒤에 상하이로 가는 열차에 올라탔다. 상하이는 임시 정부*가 있던 곳이고, 조선인이 활발하게 활동하는 상업 도시였다. 용호는 조선인이 운영하는 허름한 여관에 짐을 풀었다. 그리고 여관 주인의 도움을 받아 상하이를 둘러보러 나섰다. 베이징 아니면 상하이, 둘 중 한 곳에 정착해 사업을 해 볼까 고민하던 차였다.

상하이는 은행만 100여 개가 있을 정도로 번창한 도시였다. 세계 여러 나라의 은행과 회사들은 제 나라의 기술을 뽐내며 여러 양식의 건물을 건축해 놓았다. 그중 22층이나 되는 브로드웨이 맨션스 호텔은 입이 떡 벌어질 정도로 웅장했다. 용호는 건물들을 보며 사업가의 꿈을 이뤄 경성 한복판에 멋진 건물을 짓는 상상도 해 봤다.

상하이에는 조선인 사업가도 무척 많았다. 사업가들은 친목 단체를

임시 정부 • 1919년 4월 13일, 중국 상하이에 결성된 우리나라의 임시 정부이다. 만주, 연해주 등지에 건설된 임시 정부들이 3·1 운동을 계기로 통합된 것이다. 1932년 윤봉길 의사 의거 이후 일본의 추적을 피해 이곳저곳으로 옮겨 다녔다.

만들어 서로 정보도 주고받고 활발히 교류하고 있었다. 어느 날 여관 주인이 사업가 모임이 있다고 가 보자고 권했다. 그곳에서 용호는 셋째 형과 함께 유학한 음악가 안기영을 만났다. 안기영은 음악회 도중에 용호를 모인 이들에게 소개해 줬다. 그 바람에 용호가 걸어온 길이 교포 사회에 널리 알려지게 됐다.

조선인 사업가들은 용호를 앞다투어 집으로 초청했다. 나약한 자식들에게 교훈이 됐으면 하는 바람 때문이었다. 하지만 용호는 정중하게 거절했다. 혹시나 저도 모르게 편안한 생활에 주저앉아 버릴까 봐 스스로를 경계한 것이다.

용호는 상하이의 밑바닥 생활에 뛰어들었다. 부두 노동부터 시작해서 도매 시장의 막노동도 마다하지 않았다. 다롄에서 모아 놓은 돈이 꽤 됐지만 함부로 쓰지 않았다. 날마다 녹초가 되어 밤늦게 여관으로 돌아오는 날이 허다했다. 피곤에 지친 날은 시장 근처의 노동자 합숙소에서 새우잠을 자기도 했다.

곡물 시장에서 막노동을 하던 날이었다. 그동안 무심코 보아 넘겼던 쌀을 가득 실은 화물차가 눈에 들어왔다. 화물차는 하루도 거르지 않고 꼬리에 꼬리를 물고 시장에 드나들었다. 용호는 지나가는 노동자 한 명을 붙잡고 물어봤다.

"웬 쌀 차가 날이면 날마다 끊이지 않는 거요?"

"당신 바보구먼!"

"네?"

"상하이는 쌀농사를 별로 짓지 않으니까 다른 지역에서 사 오는 거 아니오."

용호는 뒤통수를 망치로 얻어맞은 듯했다. 훤히 보이는 사업을 코앞에 두고도 못 봤으니 바보 천치가 분명했다. 용호는 안면을 터놓은 조선인 곡물 수집상을 찾아갔다. 그러고는 다짜고짜 일을 하게 해 달라고 매달렸다. 곡물 수집상은 책상에 앉아 사무를 보는 일을 맡기려 했으나, 용호는 한사코 곡물 수집 현장을 따라다니겠다고 했다.

용호는 곧바로 직원을 따라 곡물을 사러 다녔다. 며칠을 차 안에서 자는 일은 허다했고, 곡물을 나르는 막노동도 해야 했다. 직원은 용호를 보며 고생을 사서 한다며 혀를 차 댔지만, 아랑곳하지 않고 맡은 일을 묵묵히 해 나갔다.

얼마 가지 않아 곡물 시장의 흐름을 꿰뚫어 볼 수 있었다. 쌀은 상하이에서 멀리 떨어진 곳에서 사올수록 값이 싸 이윤이 많이 남았다. 변변치 않은 운송 수단 때문이었다. 그리고 전쟁터에서 가까운 곳은 생필품 가격이 비싸고, 먼 곳은 싸다는 것도 알게 됐다. 땅덩어리가 워낙 커서 지역마다 말도 다르고 화폐 가치가 다르다는 것도 이해했다.

용호는 쌀을 비롯한 농산물의 가격 변동도 일일이 조사했다. 전쟁 중이라 중국 인민들은 몹시 궁핍했다. 중국 정부는 침략군을 막느라 인민들이 죽든 말든 내팽개쳐 뒀다. 용호는 곡물 유통이야말로 중국 인민도

돕고 돈도 벌 수 있는 사업이라는 확신이 들었다.

꼬박 6개월 동안 곡물 시장을 돌아다녔다. 이제 남은 것은 어느 곳에서 사업을 하느냐 결정하는 일이었다. 용호는 지금까지 조사한 자료들을 펼쳐 놓고 따져 보기 시작했다. 상하이는 조선인 사업가들이 많아 사업 자금을 빌리는 데 유리했다. 하지만 지나치게 화려하고 사치스러운 게 마음에 들지 않았다.

베이징도 베이징을 둘러싼 허베이성에서는 밀과 수수가 주로 났기 때문에 쌀은 상하이처럼 다른 곳에서 들여오는 형편이었다. 역사가 깊어 상인들이 자존심과 긍지를 가지고 있다는 것이 마음에 들었다. 용호는 굳이 자금을 빌리지 않고 가진 돈으로 사업을 시작해 차차 키워 가자고 결심했다.

1939년 4월, 용호는 다시 베이징으로 돌아왔다. 후지다 상사를 그만둔 지, 8개월 만이었다.

베이징 제일의 곡물 회사

용호는 베이징에 와서도 꼼꼼하게 시장을 조사했다. 그런 후에야, 사업을 시작했다.

섣불리 뛰어들기보다는 돌다리도 두들겨 보고 건너는 치밀하고 꼼꼼한 성격 탓이었다. 용호는 첸 사장에게 믿을 만한 운전사를 소개받아 곡물을 수집하러 다녔다. 베이징의 생활은 상하이에서 막노동을 했을 때와 크게 다르지 않았다. 첸 사장은 이런 용호를 보며 혀를 내둘렀다. 만나는 사람마다 성실한 용호를 칭찬하기 바빴다.

스물네 살이 되던 해, 용호는 제대로 된 곡물 회사가 필요하다는 걸 느꼈다. 결심이 서자 망설이지 않고, 자금성 곡물 시장에서 조금 떨어진 큰길가에 작은 창고가 딸린 '북일공사'•를 차렸다.

북일공사 • 베이징의 지명을 한자로 읽으면 북경(北京)이 되는데, 북일공사의 '북'은 북경에서 따온 것이다.

용호는 조촐한 개업식을 마련했다. 누구보다도 먼저 첸 사장이 달려와 축하해 주었다.

"회사 이름처럼 베이징 최고의 회사로 키우게나."

"첸 사장님 감사합니다."

그런데 첸 사장이 창고를 보고는 고개를 갸웃하며 물었다.

"곡물 회사라면서 창고가 왜 이리 작은가?"

"그럴 만한 이유가 있습니다."

"돈이 부족하다면 내가 빌려 줄 테니 말만 하게."

"아, 아닙니다. 큰 창고가 필요 없어서 그랬습니다. 쌀을 창고에 쌓아 두었다가 값이 오를 때를 기다렸다 파는 장사는 하고 싶지 않습니다."

"허허, 전쟁 중이라 돈의 가치는 믿을 수 없어서 그러네. 이런 때일수록 현물을 움켜쥐고 있어야 한다니까."

첸 사장은 용호를 한심하다는 듯 바라봤다. 용호는 개의치 않고 정중하게 설명했다.

"사장님도 매점매석*이 옳지 않다는 것을 잘 알고 있잖습니까. 쌀을 필요로 하는 사람들에게 적절한 가격을 받고 팔 작정입니다. 그게 중국인을 위하는 길이고, 저 또한 자금이 빨리 회전되기 때문에 좋은 것 아니겠습니까."

매점매석 • 물건 값이 오를 것을 예상해 한꺼번에 사들여 폭리를 취하는 행위.

첸 사장은 멍하니 용호를 쳐다봤다.

"죄송합니다. 저를 위하는 마음에서 염려돼 하신 말씀 같은데 ……."

"아닐세. 이거 자네 말을 듣고 보니 중국인인 내가 부끄럽네."

첸 사장은 용호의 손을 덥석 잡고 흔들었다.

"하하하!"

용호도 첸 사장의 손을 맞잡고 크게 웃었다. 둘은 친형제라도 되는 것처럼 따뜻한 정을 나누었다. 주변에 있던 사람들도 용호의 됨됨이를 알아보고 격려의 박수를 쳐 주었다.

1년은 눈 깜짝할 사이에 지나갔다.

처음 5명으로 시작한 북일공사의 직원은 무려 20명으로 불어나 있었다. 첸 사장은 오다가다 북일공사에 들렀다. 용호의 얼굴을 보는 날은 가뭄에 콩 나듯 드물었지만, 회사가 날로 번창한다는 건 매번 느낄 수 있었다. 회사는 이름대로 곧 베이징에서 제일가는 곡물 회사가 될 게 확실해 보였다.

그러던 어느 날이었다.

"이렇게 지독한 가뭄은 처음입니다."

허베이성으로 곡물을 사러 갔던 직원이 푸념을 했다. 곡물을 구하지 못해 빈 차로 돌아온 모양이었다.

용호는 뭔가 좋은 기회가 있을 거란 예감이 들었다.

"혹시 폭등한 곡물은 없던가?"

"밀가루 가격이 몇 배 뛰었습니다."

"흠, 짐작했던 대로군."

용호는 골똘하게 무언가를 생각하다가, 전 직원을 불러 모았다.

"어쩌면 허베이성의 위기가 북일공사의 기회일 수도 있겠습니다."

"네?"

직원들은 영문을 몰라 어리둥절해했다. 용호는 곡물을 사러 다닐 때, 쌀 말고도 각 지역마다 많이 나는 곡물이 무엇인지 샅샅이 파악해 두었다.

"산둥성도 가뭄입니까?"

"아닙니다."

"좋습니다. 오늘 당장 차를 꾸려서 산둥성으로 출발합시다. 그쪽은 밀이 많이 나는 지역이라 틀림없이 가격이 오르지 않았을 겁니다."

직원들은 용호의 한발 앞선 판단에 놀라워했다. 용호는 직원들에게 하루라도 빨리 움직여야 싼값에 밀가루를 구입할 수 있고, 그걸 허베이성 사람들에게 팔면 이윤이 남을 거라고 덧붙였다.

각자 트럭 한 대씩을 맡아서 산둥성으로 출발했다. 아니나 다를까 산둥성의 밀가루 가격은 아직 오르지 않았다. 남아도는 밀가루를 용호가 한꺼번에 사니 산둥성 사람들도 기뻐했다.

용호는 밀가루를 트럭에 가득 싣고 급히 허베이성으로 달렸다. 이번 밀가루만 잘 팔아넘기면 북일공사는 정말 베이징과 허베이성에서 제일

가는 곡물 회사가 되고도 남았다.

　들판을 가로질러 수십 대의 트럭이 달려갔다.
뿌연 먼지가 사방을 뒤덮을 정도로 요란했다. 그런데 먼지가 점점 짙어지더니, 순식간에 하늘이 안 보일 정도가 돼 버렸다. 하늘이 번쩍 갈라지며 번개와 함께 돌풍이 불기 시작했다. 이어 콩알만 한 빗방울이 후둑 쏟아지기 시작했다.

　마른하늘에 날벼락 같은 일이었다. 가뭄이 심했기에 미처 비를 대비하지 못했다. 차를 급히 몰아 봤지만 쏟아지는 빗줄기는 피할 수 없었다. 엎친 데 덮친다고 갑자기 불어난 물이 도로까지 차올라 트럭은 꼼짝할 수 없었다. 직원들은 발을 동동 구르거나 넋 놓고 하늘만 바라봤다. 용호는 제자리에 털썩 주저앉고 말았다.

　북일공사는 한순간에 커다란 손해를 입었다. 막대한 돈을 들여 사들인 밀가루는 죄다 버리게 됐고, 트럭까지 여러 대 망가졌다.

　소문은 금세 퍼져 나갔고, 북일공사가 곧 망할 거라는 얘기가 떠돌았다. 직원들도 술렁거리며 일손을 아예 놓고 있었다. 더러는 일감이 없자 회사를 그만두는 이도 있었다.

　그나마 첸 사장의 도움으로 남은 직원들의 월급을 간신히 줄 수 있었다. 그러나 직원들의 떨어지는 사기는 막을 수가 없었다. 결국 1년 전 개업했을 때의 직원만 겨우 남았다. 용호는 이번 일을 겪으면서 뼈저리게 후회했다. 이번 실패는 어찌할 수 없는 천재지변 때문이었지만, 눈앞의 이익을 좇은 얄팍한 상술 탓도 있었다.

　몇몇 사람들은 용호를 보기만 하면 혀를 차 댔다. 용호는 그러면 그럴수록 어깨를 쫙 펴고 당당하게 다녔다. 마지막 무기가 남아 있었기 때문이다. 바로 역경을 딛고 일어나는 정신이었다.

　용호는 며칠을 궁리한 끝에 묘안을 짜냈다. 그러고는 남아 있는 직원을 불러 모았다.

　"북일공사가 다시 일어날 수 있는 계획을 세웠습니다."

　직원들은 믿기지 않는 듯 말없이 용호의 입만 바라봤다. 용호는 목소리를 높였다.

　"베이징과 톈진 그리고 허베이성에는 일본인이 15만 명이나 살고 있습니다. 만주의 크고 작은 도시에는 74만 명 정도가 살고 있고요. 주변의 농촌에도 32만 명가량 들어와 있답니다. 이들 모두가 중국의 곡창지대에서 나오는 쌀을 먹지요. 하지만 중국 내에서는 쌀과 생필품이 제대로 유통되고 있지 않습니다. 그래서 지역마다 가격 차이가 크게 나고요."

　"……."

　"만주척식공사에 쌀을 납품하는 대리점이 하나 있습니다. 그런데 이 대리점은 중국 땅덩어리가 워낙 커서 직접 일일이 농촌에 들어가 쌀을 구입해 오는 데 어려움을 겪고 있다고 합니다. 그래서 쌀을 공급하는 도매상을 통하긴 하지만 역부족인가 봅니다."

"아, 그렇군요."

직원들은 그제야 고개를 끄덕였다. 속으로 용호의 치밀함에 놀라워했다. 회사 문을 닫을 지경인데 어느새 새로운 사업을 위해 조사까지 했는지 믿기지 않았다.

용호는 직원들의 표정을 읽어 가며 말을 이었다.

"이 대리점은 도매상들에게 불만이 많습니다. 도매상이 제때 쌀을 납품하지 못하기 때문이죠. 그렇다 보니 가격도 들쑥날쑥 불안했고요. 아마, 도매상들이 체계적인 조직을 갖추지 않고 주먹구구식으로 운영하다 보니 그런 거라 여겨집니다."

"네에……."

여러분이 대리점과의 거래를 성사시켜 주면 좋겠습니다."

"한 가지 여쭤 봐도 되겠습니까?"

직원 하나가 되물어 왔다.

"좋습니다. 말해 보세요."

"계약이 이루어지면 어마어마한 쌀을 대야 합니다. 회사가 이 지경인데 사장님께선 어떻게 그 막대한 자금을 구하실 건가요?"

"그건 저한테 맡기고 여러분은 계약만 성사시켜 주십시오."

"좋습니다."

직원들은 여태 허튼소리 한번 하지 않았던 용호를 믿었다.

용호는 직원들이 나가자 이마에 흐른 땀을 닦았다. 계약이 성공하면

직원들의 말처럼 엄청난 양의 쌀을 사들여야 할 것이다. 어쩌면 한 번도 꿈꾸지 못한 천문학적인 돈이 필요할지도 몰랐다.

상하이와 베이징의 조선인 사업가들에게 투자를 받을 심산이었다. 그들에게 믿을 만한 사업가로 소문나 있었기에 충분히 가능할 거라고 여겨졌다.

뜻밖에도 연말이 되자 성과가 나타났다. 대리점에서 계약할 의사가 있다고 알려 왔다. 대리점이 1년에 사들이는 쌀의 절반이나 맡겼다. 만일 쌀을 제때 납품한다면 다음 해부터는 전량을 북일공사에 맡기겠다고 했다.

용호는 뛸 듯이 기뻤다. 당장에 투자자를 찾아 나섰다. 하지만 생각보다 큰 자금이라 모두들 어렵다며 고개를 저었다. 가슴이 먹먹해지고 숨이 탁 막혔다. 자칫 잘못했다간 다시 일어서기는커녕 지금껏 쌓아 놨던 신용까지 한꺼번에 잃을 수도 있겠다는 생각이 들었다.

용호는 마지막으로 첸 사장을 찾아갔다. 첸 사장은 딱한 사정을 듣고는 재산이 많은 중국인 부자를 소개시켜 줬다. 용호는 그 사람을 찾아가 사업 계획서를 내밀었다. 중국인 부자는 계획서를 설렁설렁 읽고는 기다려 보라는 말밖에 하지 않았다. 용호는 집으로 돌아와 속을 태우며 소식을 기다렸다.

그 사이 대리점에서 재촉이 심해졌다. 나중에는 날짜를 정하면서 그때까지 소식이 없으면 계약은 없었던 걸로 하겠다는 통보를 해 왔다.

용호는 직원들 얼굴을 쳐다볼 염치가 없었다. 계약을 눈앞에 두고도 놓치고 마는 무능한 사장이라는 자책이 들었다.

약속했던 날짜가 하루 앞으로 다가왔다. 용호는 더는 기다릴 수 없어 다시 중국인 부호를 찾아갔다.

"기다려도 연락이 없어 찾아왔습니다."

"금액이 워낙 커서 말이죠……."

부호는 난처한 얼굴로 얼버무렸다. 십중팔구 투자할 마음이 없는 표정이었다. 용호는 미리 작성한 자금 계획서를 내보였다. 물속으로 가라앉기에 앞서 지푸라기라도 잡는 심정이었다.

"이자 외에 순이익의 10퍼센트를 드리겠습니다."

"흠."

"그리고 저희 회사 경리는 어르신께서 보낸 사람으로 쓰겠습니다."

중국인 부자는 솔깃하여 용호를 봤다. 하지만 이내 고개를 흔들고 딴 곳을 바라봤다. 가슴이 덜컥 내려앉았다. 이제 더는 희망이 보이지 않았다. 그때였다. 방문 앞을 지나가는 젊은이 한 명이 용호의 눈에 들어왔다.

'맞다!'

컴컴한 동굴에 횃불이 확 켜진 것처럼 눈앞이 환해졌다. 언젠가 첸 사장이 지나가는 말로 중국인 부자의 속사정을 말한 적이 있었다. 골칫거리인 아들을 사람만 만들어 주면 천만금도 아깝지 않다는 푸념을 했다는 얘기였다.
　용호는 눈에 힘을 주어 말했다.
"한 가지 더 있습니다."
"아직도 남았는가?"

"어르신의 아들을 저희 회사의 직원으로 채용하겠습니다."

"그게 정말인가?"

그는 체면도 잊은 채 용호의 손을 덥석 잡았다. 첸 사장을 통해 용호의 됨됨이를 미리 들었던 터라 믿음이 갔다. 용호라면 망나니 같은 아들을 온전한 사람으로 만들어 줄 수 있을 것 같았다.

중국인 부자는 비로소 흔쾌히 결정했다.

"좋네. 내 당장 투자하겠네."

"어르신 감사합니다."

용호는 투자금을 받아 들고 회사로 돌아갔다.

직원들은 기대를 버리고 포기하고 있었다. 그런데 용호가 돈을 내놓았으니, 눈이 휘둥그레질 수밖에 없었다. 담보 하나 없이 어마어마한 돈을 구해 온 용호가 산처럼 거대해 보였다.

마침내 북일공사는 대리점에 1,000석의 쌀을 납품했다. 납품하는 물량은 해마다 늘어났다.

오로지 사업에만 열중하고 있을 때, 고향에서 전보가 날아들었다. 아버지가 위독하다는 내용이었다.

용호는 일을 제쳐 두고 정신없이 고향으로 내려갔다. 그런데 아버지는 정정한 모습으로 마당을 거닐고 있었다. 아버지가 아들을 장가보내려고 거짓 전보를 보낸 것이다. 그 바람에 얼떨결에 양 집안의 어른들끼리 정한 '문화 유씨'인 처녀와 혼례를 올리게 됐다.

용호는 고향에서 며칠의 짧은 신혼을 보내고 아내를 남겨 두고 혼자서 다시 베이징으로 돌아갔다. 중국 대륙이 전쟁으로 혼란스럽고 위험해서 어쩔 수 없는 선택이었다.

베이징으로 돌아온 용호는 다시 사업에 몰두했다. 그 결과 1년 뒤에는 만석 이상의 거래가 이루어졌다. 북일공사는 무너질 뻔한 위기를 딛고 일어나 이름대로 베이징 제일의 곡물 회사가 됐고, 5명으로 출발한 사원이 100명을 훌쩍 넘긴 큰 회사로 성장하였다.

  그야말로 눈물겨운 결과였다. 그 뒤부터 베이징 시민들은 조그만 체구의 용호를 보면 '대산! 대산!'이라고 불렀다. 대산(大山)은 대륙에 첫 발을 내디딘 다롄에서 스스로 만든 호이기도 했다.

덧붙이는 이야기

북적이는 경성을 떠나자

1920년대에 접어들자 경성의 인구가 갑자기 불어나기 시작했습니다. 일제에 농토를 빼앗긴 농부나 가난에 허덕이는 사람들이 새로운 기회를 찾아 너도나도 경성으로 몰려들었기 때문입니다. 그러나 대부분은 제대로 된 일자리 대신에 막노동이나 지게질을 하며 초막에서 근근이 살아갔습니다.

일본인 자본가들 역시 일확천금을 노리고 경성으로 들어와 회사와 공장을 세웠습니다. 당시 조선에는 민족계 자본을 바탕으로 세워진 해동은행, 한일은행, 경성방직 같은 회사가 있었지만 규모나 기술면에서는 일본과 비교가 되지 않았습니다.

조선인이 운영하는 상점은 장사가 잘되지 않았습니다. 일본 공장에서 만든 세련된 물건과 수입품이 넘쳐 나서 경쟁이 되지 않았습니다. 코딱지만 한 상점에 일본 물건을 진열해 봐도 마찬가지였습니다. 화려한 수입품부터 값싸고 질 좋은 제품까지, 없는 게 없는 일본인 상점에 밀릴 수밖에 없었습니다. 그렇다 보니 문 닫는 조선인 상점이 늘어 갔고, 번화한 상권에는 일본인들로 꽉 차 버렸습니다.

상황을 바꿔 보기 위해, 1923년에 물산장려운동이 벌어졌습니다. 국산품을 애용해 우리 기업의 발전을 꾀하자는 움직임이었습니다. 그해 설날을 시작으로 의복은 조선인이 만들고 가공한 옷감으로 남자는 두루마기, 여자는 치마를 해 입자고 했습니다. 그리고 음식은 소금과 설탕, 청량음료를 제외하고는 전부 조선에서 나고 자라는 것만을 먹자고 결의했답니다. 그런데 이상한 일이 벌어졌습니다. 물산장려운동이 일어나자 갑자기 물건

값이 폭등한 겁니다. 그 바람에 기업과 상인들은 큰 이익을 보고 서민들의 생활은 더 어려워졌습니다. 결국 물산장려운동은 시들해지고 말았답니다.

1930년대 일제의 '조선 공업화 정책'으로 일본의 자본이 물밀듯 들어왔습니다. 이 무렵 경성 인구는 무려 70만에 달했습니다. 빈부의 격차가 아주 심해져서 일본인과 조선인 관료나 지주 같은 몇몇 부자들은 호화 백화점을 드나들며 화려한 생활을 누렸지만 대부분의 조선인은 빈곤하게 살았습니다.

어려움은 이것만이 아니었습니다. 조선인은 똑같은 일을 해도 일본인의 반도 되지 않는 임금을 받았습니다. 관공서나 큰 회사의 중요한 자리는 일본인이 죄다 차지했고, 조선인은 아무리 노력해도 일본인을 따라잡을 수가 없었습니다. 땅도 빼앗기고 상권도 빼앗긴 조선인들은 결국 고국을 떠나, 광활한 중국 대륙으로 이민을 갔습니다. 중국 침략을 목적으로 일본이 조선인을 만주로 강제 이주시키는 정책을 펼친 시기이기도 했습니다. 조선인들은 고국을 떠나 새로운 기회를 얻을 거라 기대했습니다. 하지만 중국 역시 일제가 손을 뻗치고 있어 상황은 몹시 열악했습니다.

미쓰코시 백화점(왼쪽)과 조선저축은행(오른쪽)

3
시련은 공짜가 아니다

만 명의 동포를 구하다

태평양 전쟁이 한창이던 1945년 8월 6일, 미국은 일본 히로시마에 첫 번째 원자 폭탄을 투하했다. 그리고 8월 15일, 결국 일본 천황이 항복하는 목소리가 라디오를 통해 흘러나왔다. 베이징 시민들은 거리로 나와 만세를 부르며 춤을 추었다.

대산 신용호도 펄쩍 뛰며 기뻐했다. 오랫동안 바라던 일이라 가슴이 벅찼다. 그러나 잠시 기쁨을 접고 북일공사의 앞날을 걱정해야 했다. 첸 사장을 비롯한 중국인들은 베이징에 남아서 사업을 더 키우면 좋겠다 권했다. 맞는 말이었다. 한창 끝 간 데를 모르고 뻗어 나가는 회사를 지금 접는다는 건 너무나 아쉬웠다. 그런데 자꾸 이육사가 당부했던 말이 떠올랐다.

"일본은 총칼보다 장사꾼을 앞세워 우리의 상권을 빼앗아 갔네!"

대산은 무릎을 탁 쳤다. 지금 조선은 갑작스러운 해방을 맞아 몹시 혼란스럽고 어수선할 게 뻔했다. 이를 틈타 자본과 기술을 앞세워 외국인들이 들이닥칠지도 모를 일이었다. 해방된 조국에서 사업가의 꿈을 펼쳐 나가는 게 백번 맞는 일이라 여겨졌다.

전쟁이 끝난 중국도 혼란스럽기는 마찬가지였다. 국민당과 공산당으로 나뉘어 세력 다툼을 벌이느라 여전히 전쟁터나 다름없었다. 일본과의 전쟁은 끝났지만 이제 저희끼리 물고 뜯는 내전으로 이어질 것처럼 보였다.

대산은 서둘러 북일공사를 정리했다. 하지만 좋지 않은 소식이 들려왔다. 베이징을 되찾은 중국 국민당 정부군이 외국인들이 재산을 빼 가는 것을 막기 위해 은행 인출을 막았다는 것이다. 마른하늘의 날벼락 같은 소식이었다. 갖은 고생을 하며 모은 돈이 휴지 조각이 될 처지에 놓였다.

대산은 절망스러워 숨이 끊어질 것 같았지만 절망스러워할 틈마저 주어지지 않았다. 해방 소식을 듣고 고국으로 돌아가려는 조선인들이 베이징으로 3만 명이나 모여들었기 때문이다. 대산은 우선 창고에 남은 쌀을 풀어 동포들에게 나누어 주었다. 쌀은 금방 바닥이 나고 말았다. 은행에 맡기지 않고 수중에 갖고 있던 돈마저 써야 했다. 그러나 수많은 사람을 돌보기에는 턱없이 부족했다.

그 사이 미 군정 조사단이 일제로 인해 고국을 떠난 조선의 동포들을 귀국시키기 위해 베이징에 도착했다. 브라운 소장이 단장이었고, 훗날 함경남도 지사를 지낸 정충모가 통역관이었다. 조사단은 중국의 북부에 사는 동포는 베이징으로, 남부에 사는 동포는 상하이로 모이도록 지시하고 귀국할 배를 주선해 주겠다고 약속했다.• 조사단은 서둘러 귀국부를 만들었다.

어느 날 브라운 소장과 정충모가 대산을 찾아와 말했다. 정충모가 브라운 소장의 얘기를 통역해 전달했다.

"세 개의 귀국부를 만들었는데 당신이 '제2귀국부'의 장을 맡아 주길 바랍니다."

"제가 어떻게 그런 막중한 일을……."

"소문을 들어 알고 있습니다. 만 명이나 되는 우리 동포의 안전을 책임질 사람은 당신밖에 없습니다. 꼭 맡아 주셨으면 합니다."

대산은 선뜻 대답하지 못하고 곰곰이 생각에 잠겼다. 사업가의 꿈이 산산이 부서져 실의에 빠졌지만 곤경에 처한 동포들을 모른 체할 수는 없었다. 지금껏 이곳에서 쌓아 온 신용이라면 귀국부를 이끌 수 있을 것 같았다.

대산은 입술을 굳게 물고 대답했다.

"능력이 닿는 대로 최선을 다해 보겠습니다."

• 귀환 동포를 실은 미군의 수송선(LST)은 베이징, 상하이, 칭다오, 광저우 등에서 출발해 1946년 봄 이후에야 부산과 인천 등지의 항구로 들어오기 시작했다.

"고맙소!"

정충모는 브라운 단장에게 통역을 하고는 대산의 손을 덥석 잡았다.

대산은 맨 먼저 '청년단'이라는 조직을 만들었다. 대산이 미리 돌보고 있었던 대학생 63명이 청년단을 선뜻 맡아 줬다. 청년단은 동포들이 모여 있는 곳을 돌며 치안을 살폈다. 청년단 조직 말고도 '교민보'라는 신문을 발행하기도 했다. 동포들의 불안을 달래고 궁금해하는 것들을

풀어 주려는 의도였다.

　동포 1명을 구하는 데는 엄청난 돈이 필요했다. 대산은 고향으로 가져가려고 남겨 둔 돈마저 탈탈 털고야 말았다. 굶주린 동포들을 차마 눈뜨고 볼 수 없었기 때문이다. 하지만 그 돈도 얼마 가지 않아 바닥이 나고 말았다. 대산은 알고 지내던 사업가들에게 도움을 청해 근근이 버텨 나갔다.

　더는 어찌할 수 없을 때에 다행히 귀국선이 들어왔다. 대산은 동포들과 함께 귀국선에 올랐다. 베이징에서 가까운 톈진 항을 떠나 상하이 항을 거쳐 부산항으로 가는 항로였다. 사람들은 갑판에서 아무렇게나 뒹굴고 있었다.

　대산이 젊음을 바쳤던 대륙이 점점 희미해지더니 눈에서 멀어졌다. 신기루 같았다. 손에는 옷가지가 든 가방 하나와 품에 든 여비 몇 푼밖에 없었다. 그러나 낙담하지 않았다. 비록 빈손으로 돌아가지만 젊음을 바친 10년이 전혀 아깝지 않았다. 중국 대륙에서 맨손가락으로 생나무를 뚫는 각오로 성공했듯이, 고국에서도 반드시 성공할 자신이 있었다.

　대산은 일본이 항복한 지 꼬박 1년 만에 고국에 돌아왔다.

시련은 절대 공짜가 아니다

　해방된 조국 역시 혼란스러웠다. 국토는 남북이 각각 미군과 소비에트 연방군의 점령 아래 갈라져 사람들의 왕래마저 끊어졌고, 남한에서도 좌우로 갈라져 서로 원수 보듯 싸우기만 했다. 일본인들이 떠난 공장은 대부분 가동을 멈췄고, 거리에는 일자리를 잃은 사람들로 넘쳐 났다.
　대산은 다롄 도매점을 그만두고 낯선 곳을 돌며, 북일공사라는 새로운 길을 찾아냈던 것처럼, 이번에도 전국을 돌아보기로 했다.
　농촌은 모내기 철이라 한창 바빴다. 자기 땅이 있는 사람들은 그나마 살만 했지만, 소작을 붙여 먹고 사는 사람들은 여전히 어려웠다.
　대구의 방직 공장을 비롯한 크고 작은 공장들은 거의 돌아가지 않고 있었다. 원료도 없을 뿐더러 기술자도 없는 처지라 당연했다. 나라를 일으킬 산업이 아예 다 무너진 상태였다. 이런데도 서로 이념을 다투며 편을 갈라 싸움질하기 바빴다.

대산은 여행을 하면서 다양한 사람들을 만나 이야기를 나누었다. 대부분의 사람들이 혼란스러운 시국을 틈타 일확천금●을 노리려는 생각뿐이었다. 대산은 그럴 때마다 고개를 설레설레 흔들었다.

대산은 출판업에 잠깐 몸을 담았다가, 1948년 익산에 '한양직물'이라는 방직 공장을 세웠다. 공장을 돌려 사람들에게 일자리를 주고, 질 좋은 옷감을 만들어 싼값에 파는 사업이 적당하다 생각했다.

대산은 일본에서 들여온 섬유 원료로 무늬가 아름다운 비단을 만들기 시작했다. 예상대로 질 좋은 의류를 알아보는 사람들이 많았다. 한양직물에서 생산한 올이 곱고 촉감이 좋은 비단은 순식간에 인기를 끌었다.

때마침 남한만의 단독 정부가 들어섰다.● 정부 수립과 함께 사회도 점차 안정돼 갔다. 한양직물도 탄탄대로를 달렸다. 얼마 안 돼 공장이 감당할 수 없을 정도로 주문이 쏟아져 들어왔다. 대산은 신바람이 나 수출할 계획까지 세웠다. 수출로 외화를 벌어들일 수 있다면 국가 발전에도 기여할 수 있을 것 같았다.

일확천금 ● 힘들이지 않고 단번에 많은 재물을 얻음.
● 1948년 이승만이 초대 대통령으로 취임하면서 한반도에 남북으로 두 개의 정권이 들어서게 된다.

대산은 시장 조사를 위해 해외까지 나갔다 왔고, 성공에 확신을 갖게 됐다. 공장으로 돌아온 대산은 직원들을 불러 모았다.

"공장을 새로 지을까 합니다."

"우아!"

직원들은 일제히 환영했다. 직원들도 그간 쏟아진 주문 대로 옷감을 다 짜내지 못하는 게 늘 안타까웠다.

대산은 주먹을 불끈 쥐고 말을 이었다.

"한양직물을 반드시 대기업으로 성장시키겠습니다. 아울러 한양직물은 나만의 회사가 아니라 여러분의 회사가 될 거라는 말씀을 드리겠습니다."

직원들은 말뜻을 몰라 웅성거렸다.

"우리 한양직물을 머지않아 주식회사•로 키울 것입니다."

"주식회사?"

직원들은 생소한 낱말에 얼떨떨했다.

"공장을 짓는 데 돈을 댄 송 씨와 사장인 내가 회사 주식의 50퍼센트를 갖고, 나머지 50퍼센트는 여러분의 몫이 될 것입니다. 그렇게 되면 여러분들도 나와 같이 이 회사의 주식을 갖게 되니 한양직물의 주인이

주식회사 • 우리나라에서는 일본의 침략 후인 1910년 12월 공포한 '조선 회사령'이 효시로 도입되었다. 주식을 가진 개인이나 법인으로 조직된 유한 책임회사를 말하며 자본과 경영이 분리되는 대표적인 형태이다.

되는 것입니다."

"우아!"

직원들은 말뜻을 정확히 알지는 못해도 한양직물의 주인이 될 거라는 뜻은 어렴풋이 알 수 있었다. 지금까지 품팔이를 하거나 소작을 붙이며 겨우겨우 살아가던 사람들이었다. 그런데 매일 물건이 동날 정도로 잘되는 공장의 주인이 된다는 말에 꿈을 꾸는 듯했다. 대산은 좋아하는 직원들을 둘러보며 빙긋 웃었다.

한양직물은 사장과 직원이 한가족처럼 어우러졌다. 모두들 흥에 겨워 일을 했다. 그 바람에 많은 사람들이 한양직물에 들어오고 싶어 했다. 대산은 공장 규모가 작아 다 받아 줄 수 없는 게 안타까웠다. 하루빨리 공장을 크게 짓는 것만이 해결책이었다.

새 공장을 짓느라 한창 바쁠 때였다. 1950년 6월 25일, 한국 전쟁이 터지고 말았다. 인민군이 물밀듯 쳐들어온다는 소문이 들려왔다. 방송에서는 국군이 인민군을 잘 물리치고 있다는 말만 했다. 불안에 떨던 사람들은 하나둘 피란길을 떠났다. 대산은 공장을 지키기 위해 끝까지 남아 있어야 했다.

며칠 뒤 익산역이 북한 미그*기에 폭격을 당했다. 국군이 인민군에게 계속 밀리고 있다는 소식이 들려왔다. 설마 하는 와중에 대전이 인

미그(MIG) • 러시아의 군용 항공기 회사에서 개발된 전투기 이름으로 우크라이나, 헝가리, 북한 등에 수출되었다.

민군에게 넘어갔고, 익산에도 인민군이 들어왔다.

한양직물 과장이 헐레벌떡 뛰어와 대산에게 소리쳤다.

"사장님, 인민군이 경찰서와 군청을 접수했답니다. 군청에 인공기●가 걸리는 걸 제 눈으로 보고 왔습니다.

"뭐, 뭐라고?"

"당장 피란길에 올라야 합니다."

대산은 과장의 말을 듣고서도 차마 발걸음을 떼지 못했다. 피땀 흘려 일군 북일공사가 물거품이 되던 때가 떠올랐다. 또다시 빈털터리가 되겠다는 생각에 앞이 캄캄하기만 했다.

"우선 저희 고향 집으로 피신하는 게 어떻겠습니까?"

"후유……."

인공기 ● 북한의 공화국 국기

대산은 기다란 한숨을 내쉬며 과장을 따라나섰다.

과장의 집은 익산 근교의 작은 동네에 있었다. 당시 인민군은 지주나 자본가를 악질 반동분자로 몰아 처형했다. 대산은 공장을 운영하는 자본가였으니, 목숨이 바람 앞에 등잔불 같은 처지가 됐다. 직원 부모님의 배려에 한동안은 안전하게 숨어 지낼 수가 있었다. 하지만 워낙 작은 동네인지라 남의 눈을 피하기 어려웠다. 어느 날 인민군이 집으로 들이닥쳤다.

"이 쥐새끼 같은 반동 새끼!"

"으으."

대산은 꼼짝없이 인민군에게 붙잡히는 신세가 되고 말았다. 인민군들은 대산을 익산 보안대로 끌고 갔다. 대산은 숨 한 번 크게 쉬지 못했다. 입만 벙긋해도 인민군들의 우악스런 발길질이 쏟아졌다. 대산은 처형될 날만을 기다리며 하루하루를 보냈다.

며칠이 지났다.

덜컥! 감옥 문이 열리더니 인민군이 대산을 끌어냈다. 눈앞이 깜깜해지고 다리가 후들후들 떨려 왔다. 아버지와 어머니를 두고 먼저 죽는다는 불효에 가슴이 저려 왔다. 그리고 무엇보다 아내에게 한없이 미안했다. 중국에서 사업을 하느라 단 한 번도 살가운 시간을 함께 보내지 못했다. 사업가의 꿈을 해방된 고국에서 맘껏 펼치나 했는데, 걸음마도 떼기 전에 고꾸라지는 순간이었다.

대산은 모든 걸 체념하고 눈을 지그시 감았다.

"동무가 한양직물 사장이오?"

인민군 보안 대장이 대산에게 소리쳤다. 대산은 눈을 감은 채로 고개를 끄덕였다.

"인민의 피를 빨아먹고 사는 악질 자본가는 총살당해야 마땅하오!"

대산은 억울했지만 대꾸하지 않았다. 악질 자본가는 분명 아니었지만, 인민군은 공장을 운영하는 것만으로도 처형한다고 들었다. 살려 달라고 매달려 봤자 구차해질 따름이었다.

그런데 뜻밖의 말이 들려왔다.

"저 동무들이 날이면 날마다 당신의 선행을 알려 왔소."

"예에?"

대산은 화들짝 놀라 가리키는 쪽을 봤다. 사무실 한쪽 구석에 모여 있는 한양직물 직원들이 눈에 들어왔다.

"사장님!"

직원들은 서로 손을 맞잡고 눈물을 글썽거렸다. 보안 대장이 문밖을 향해 손짓했다.

"악질 자본가는 아닌 것 같으니 여기서 나가도 좋소!"

"아……."

대산은 긴장이 풀려 자리에 털썩 주저앉았다. 눈에서는 뜨거운 눈물이 흘러내렸다. 사장과 직원을 구분하지 않고 다 같이 주인이라며 누누이 말했던 게 목숨을 구한 셈이었다. 사업이 잘되고 안 되고를 떠나, 사람이 먼저라는 큰 깨달음을 얻은 순간이었다.

대산의 시련은 여기가 끝이 아니었다.

1953년 7월, 휴전 협정이 이루어졌다. 수많은 사람들의 목숨을 앗아 간 3년간의 전쟁이 멈춘 것이다. 온 나라는 잿더미가 되고 말았다. 건물은 폭격으로 부서지고, 산은 불에 타 민둥산이 되고, 거리에는 전쟁으로 가족과 헤어진 고아가 넘쳐 났다.

대산은 공장 문을 닫기로 했다. 전쟁 중에 흘러든 서양의 문물이 옷차림을 바꿔 놓을 테고, 서양 사람들처럼 양장을 입기 시작하면 비단은 더 이상 팔리지 않을 거란 판단 때문이었다.

그즈음 유엔*이 나서서 복구 사업을 하기 시작했다. 파괴된 공장들이 하나둘 다시 세워졌다. 대산은 사소한 것도 놓치지 않고 관찰했다. 공장을 짓고 기계를 만들려면 우선적으로 철강이 있어야 했다. 그런데 우리나라에는 아직 제철 회사가 없었다. 방방곡곡에 부서진 전차와 포탄 탄피 같은 고철은 널려 있었다.

대산은 발 빠르게 제철 회사를 알아보고 시장 조사에 들어갔다. 그러고는 북일공사 때의 경험을 밑천 삼아 투자자들을 모았다. 사업의 규모

유엔 • 제2차 세계 대전 이후, 미국과 소련, 영국, 중국 네 나라가 모여 세계 평화를 위한 헌장을 만들었다. 1945년 샌프란시스코에서 유엔 회의가 열렸고, 그해 10월 24일에 51개 나라가 회원국으로 가입하면서 유엔의 정식적인 활동이 시작됐다. 주된 활동은 전쟁을 막고 평화를 유지하는 일이다.

가 워낙에 커서 은행 대출도 필요했다. 다행히 한국산업은행•이 부족한 자금 6억 원을 대출해 주겠다는 약속을 했다. 대산은 그 약속을 믿고 영등포 오류동에 20만 평의 땅을 구입하고 '한국제철'을 세우기로 했다.

공장 건설이 한창일 때였다. 날벼락 같은 소식이 날아들었다. 산업은행이 대출을 해 줄 수 없다는 통보를 해 온 것이다. 은행 문이 닳도록 찾아가 봤지만 결정은 바뀌지 않았다. 불안했던 당시의 정치 상황이 대산의 앞을 가로막았던 것이다.

1955년 시운전을 눈앞에 두고 한국제철은 공사를 중단했다. 대산에게 닥친 또 한 번의 큰 시련이었다. 순식간에 집은 물론이고 손목시계까지 다 팔아 치운 빈털터리가 돼 버렸다.

대산은 아내와 함께 이불 보퉁이만 챙겨 좁은 셋방으로 이사를 갔다. 그래도 결코 절망하지 않았다. 전쟁 통에 죽을 위기에서 기적적으로 살아났다는 것은, 아직 이뤄야 할 꿈이 남아 있기 때문이라 여겼다.

피땀 흘려 일군 북일공사를 중국에 두고 떠나올 때를 떠올렸다. 그때나 지금이나 똑같았다. 다시 오뚝이처럼 벌떡 일어서면 되었다. 대산은 양손을 하늘로 뻗어 올리며 목청껏 외쳤다.

"시련은 절대 공짜가 아니라고!"

한국산업은행 • 1918년에 세워진 조선식산은행을 승계하여 1954년 4월에 설립된 국책은행. 산업의 개발과 국민경제 발전을 촉진하려는 목적으로 운영되었다.

교육보험을 발명하다

대산은 시련이 닥칠 때마다 스스로에게 재촉했다.
'떠나라! 낯선 곳으로!'
대산은 부산행 기차에 올라탔다. 낯선 곳을 여행하면서 늘 다음 도전의 실마리를 찾아왔다. 차창 밖으로 보이는 논밭은 쩍쩍 갈라져 메말라 있었다. 기차에 탄 사람들은 쌀값이 폭등해 굶어 죽게 됐다며 울상이었다. 이런데도 정치인들은 서로 나투기 바빠 국민들을 돌보지 않는다며 욕을 했다. 대산도 정치 싸움 탓에 쓴맛을 봤기에 씁쓸했다.

부산을 돌아보고 나서 대구와 경주를 거쳐 고향인 영암에 들렀다. 영암 들녘도 오랜 가뭄으로 메말라 있었다. 모내기 철이었는데도 논에는 농사짓는 사람들이 보이지 않았다. 만나는 사람마다 하루 먹을 끼니 걱정부터 앞세웠다. 대산은 부모님이 걱정돼 한걸음에 집으로 달려갔다.

다행히 부모님은 무탈해 보였다. 아버지는 아들을 보자마자 영보소학교의 얘기를 꺼냈다. 영보소학교는 아버지가 어렵게 세운 학교였다.

"내 죄가 크구나."

"무슨 말씀이세요?"

"월사금(학비)을 내지 못해 학교를 그만둔 아이들이 한둘이 아니라서 그런다."

"그렇군요……."

대산은 아버지를 따라 한숨을 내쉬었다. 돈이 있으면 당장 아이들을 돕고 싶었다. 하지만 하는 사업마다 실패를 거듭했기에 뾰족한 방법이 없었다. 아이들이 돈 걱정하지 않고 학교에 다닐 수 있다면 얼마나 좋을까 하는 생각을 했다.

그때였다. 담장 밖에서 아이의 울음소리가 들려왔다.

"엉엉, 안 돼요!"

어찌나 섧게 울던지 걸음이 저절로 대문 밖으로 향했다. 황소 고삐를 잡은 중절모를 쓴 남자와 어린아이가 실랑이를 벌이고 있었다.

"어허, 이놈아, 이 소는 이제 내 거란 말이여."

"우리 소예요. 엉엉."

아이는 황소 코뚜레를 잡고 질질 끌려갔다. 황소의 커다란 눈에 눈물이 그렁그렁했다. 남자는 아이를 떼어 내며 버럭 소리를 질렀다.

"네 아버지한테 소를 샀다고 몇 번을 말해야 알겠냐, 엉?"

"거짓말 마세요. 아저씨 소도둑이잖아요!"

"허어, 이놈이 날 소도둑으로 모네."

"우리 누렁이 주란 말이에요!"

아이는 아예 황소 코뚜레를 잡고 늘어졌다. 대산은 아이가 쇠뿔에 다칠까 봐 남자를 먼저 밀쳐 냈다. 남자가 도끼눈을 뜨고 소리쳤다.

"이거 왜 이러시오?"

"당신 정말 소도둑 아니오?"

"뭐라고? 허, 이거 참 환장하겠네."

남자는 고삐를 던지며 펄쩍펄쩍 뛰었다. 대산은 고삐를 주워 아이 손에 쥐어 주었다. 아이는 글썽이는 눈으로 황소 머리를 쓸며 좋아했다.

그때였다.

"이놈아. 대체 왜 이러는 거여, 어?"

아이의 아버지인 듯한 사람이 헐레벌떡 뛰어와 아이 손에서 고삐를 빼앗았다. 그러고는 남자에게 고삐를 건네며 연방 허리를 숙였다.

"아이고, 죄송허요. 이놈이 누렁이하고 정이 들어 그런 거니께."

"나, 원 참!"

남자는 고삐를 후려치며 황소를 끌고 가 버렸다. 그러자 아이는 땅바닥에 주저앉으며 자지러지게 울었다. 대산은 영문을 몰라 아이의 아버지에게 물었다.

"대체 아이가 왜 저러는 거요?"

"말도 마시오. 큰애 학비를 못 내 소를 팔았는데 이놈이 이 난리를 치지 뭐요."

"아……그렇군요."

대산은 자식들을 학교에 보내기 위해 전 재산이나 마찬가지인 소를 팔아야 하는 현실에 가슴이 먹먹해졌다.

대산은 걱정하는 아버지를 뒤로하고 서울로 향했다. 답답한 마음에 눈길이 자꾸 차창 밖으로 향했다. 스치고 지나치는 풍경들 속에서 지난 날 기억들이 떠올랐다. 학교에 가지 못해 동생 책을 훔쳐보던 일, 천 일 독서 계획을 잡고 밤잠도 없이 책을 읽던 일, 쌀을 구입하기 위해 대륙 곳곳을 누비던 일…….

그러다 문득 한국 전쟁 때 실종돼 소식을 알 수 없는 넷째 형이 생각났다. 형은 일제 강점기 때 조선인이 경영하던 조선생명에서 일했었다. 형은 대산이 잠깐 귀국했을 때 보험에 대해 자주 말했다. 보험이란 사망이나 화재, 사고를 대비해 일정한 금액을 미리 내놓았다가, 사고가 발생했을 때 목돈을 보험료로 받아 위기를 극복하게 하는 상품이었다.

'보험……월사금…….'

'월사금……교육…….'

대산은 떠오르는 낱말을 되뇌다, 머리에 번개라도 맞은 듯 멋진 생각을 떠올렸다.

"아, 맞다! 교육보험을 만드는 거야."

대산은 자리에서 벌떡 일어나 소리쳤다. 사람들의 눈총이 대산에게 한꺼번에 날아왔다. 그래도 아랑곳하지 않고 대산은 "교육보험, 교육보험."을 외쳐 댔다. 마른땅에 내린 단비처럼 기발한 생각이었다.

대산은 곧바로 보험에 대해 공부하고 조사에 들어갔다. 하지만 연구를 거듭할수록 머릿속이 깜깜해지기만 했다. 우리나라에서 현대적인 보험이 등장한 것은 일제 강점기였다. 일제는 민간 보험 회사와 조선총독부 체신국을 통해 조선인들에게 보험 상품을 거의 강제로 들게 했다. 전쟁 비용으로 쓰기 위한 수단이었다. 그런데 일제가 패망하자 보험금을 찾을 수 없게 돼 버렸다. 이렇다 보니 사람들은 보험 얘기만 들어도 욕질부터 했다.

'길을 찾는다! 길이 없으면 만들어 간다!'

대산은 베이징을 떠나오면서 가슴에 새겼던 말을 떠올렸다. 좀 더 조사해 보니 전 세계 어디에도 교육이나 학자금과 연결된 보험은 없었다. 대산은 다시 한 번 맨손가락으로 생나무를 뚫어 보겠다는 마음으로 도전해 보고 싶었다. 몇 번의 시련이 기회로 이어진 셈이었다.

대산은 막내 용희의 친구인 조동완을 불러 교육보험에 대한 운을 뗐다. 조동완은 기발한 생각에 놀라 또 다른 친구인 안대식을 데리고 왔고, 교육보험을 만들기로 함께 뜻을 모았다. 셋은 먼저 전국을 돌며 시장 조사를 했다. 3개월간 수많은 사람들을 만나고 다녔다.

지게꾼이나 거리에서 장사를 하는 아주머니에게 소원을 물어봤다.

모두들 자식을 대학까지 보내 잘사는 모습을 보는 거라 대답했다. 전 재산인 소를 팔아 자식의 학비를 대던 농부와 같은 마음이었다. 교육보험이 생기면 가입하겠냐고 물었을 때 그렇다고 대답한 이가 90퍼센트 이상이었다.

마침내 대산은 1958년 8월 7일 '대한교육보험 주식회사'*를 창립했다. 세계 어느 곳에서도 없는 교육보험 회사를 세웠으니, 교육보험은 발견이 아니라 발명이라 할 만했다. 대산은 창립식에서 다부진 목표를 밝혔다.

"창립식이 초라하다고 슬퍼하지 맙시다. 선진국에서는 보험 회사가 자리를 잡는 데 50년이 걸린다고 합니다. 그러나 저는 25년 안에 우리 회사를 세계적인 회사로 만들겠습니다. 또, 25년 안에 서울에서 제일 좋은 자리에 제일 좋은 사옥을 짓겠습니다."

창립과 함께 내놓은 첫 상품은 '진학보험'이었다. 하루 담배 한 갑을 덜 피거나 쌀 한 줌을 덜 먹으면 자식을 대학까지 보낼 수 있도록 설계된 보험이었다. 대산은 많은 사람들의 호응에 힘입어 지방 여러 곳에 지사를 설치했다.

그렇지만 창립한 지 2년이 다 되도록 회사는 손해에서 벗어나지 못

대한교육보험 주식회사 • 1995년 4월 3일, 회사 이름을 '교보생명보험 주식회사'로 바꾸었다. 교육보험만이 아닌 생명보험과 같은 다른 상품을 함께 포괄할 상호가 필요했기 때문이다. '교보'는 교육보험의 준말에서 가져온 이름이다.

했다. 직원 월급을 제대로 주지 못하는 때도 많았다. 간부들은 이쯤 해서 사업을 접자고 아우성이었다. 대산이 나서서 격려해 봤지만 회사를 그만두는 직원이 늘어났다.

대산은 신문 광고까지 해 가며 직원들을 다시 모았다. 그리고 임직원들과 함께 '진학보험'을 들고 직접 뛰기로 작정했다. '1인 1교(한 사람당 한 학교 맡기)전략'을 세웠다. 직접 학교를 찾아다니며 홍보하는 게 효과가 빠를 거라고 여겼다.

대산도 서울의 한 학교를 골랐다. 사장이 나서서 죽을힘을 다해 뛰는 걸 보고, 직원들도 이를 앙다물고 따라왔다. 한 달 동안 3,000장의 보험 안내서와 10만 장의 팸플릿을 나눠 줬다. 듣도 보도 못했던 '진학보험'은 교사에서 학생으로, 학생에서 부모에게 퍼져 나갔다. 그러는 사이 보험에 대한 불신이 줄고, 가난으로 자녀 교육을 포기했던 이 땅의 부모들에게 희망을 주게 됐다. 무엇보다도 회사 직원들의 사기가 높아진 게 가장 큰 성과였다.

대산은 자만하지 않고 끝없이 스스로를 채찍질했다. '대한교육보험주식회사'야말로 신갑범과 이육사가 바랐던 민족을 위한 사업가의 길이었다. 외국 자본의 도움 없이 우리 민족의 자본으로 시작한 사업이었고, 논밭과 소를 팔지 않고도 자식을 교육시킬 길을 제시했으니 나라의 교육에도 이바지할 수 있었다.

드디어 대산은 창립 9년 만에 보험 업계의 후발 주자에서 최고의 자리로 올라서게 됐다. 46명으로 시작한 직원은 어느새 1,500명으로 늘어나 있었다. 끝을 모르고 성장한 대한교육보험은 창립 20년 만에 세계적인 보험 회사로 우뚝 서게 됐다.

  대산은 후에 1983년 3월 21일 교육보험으로 세계보험협회로부터 '세계보험대상'을 받기도 했다. 세계보험대상은 보험 업계의 노벨상으로 불릴 만큼 받기 힘든 상이었다. 대산은 시상식장에서 기쁨의 눈물을 흘렸다. 상을 받아 감격한 게 아니라, 비로소 마음에 품은 꿈을 이뤘기 때문이다.

빌딩을 자르라니?

1979년 서울 종로 한복판에 22층 건물이 우뚝 솟아올랐다. 바로 창립식 때 대산이 약속했던 사옥이었다. 사람들의 행렬이 끝없이 이어지는 곳이고, 정부의 주요 관청을 비롯해 청와대까지 한눈에 들어오는 달걀의 노른자 같은 땅에 자리 잡고 있었다.

대산은 3년에 달하는 공사 기간 내내 건설 현장에서 살다시피 했다. 여느 날처럼 건물을 돌아보고 막 회현동 사무실로 들어왔을 때였다.

"창립자님, 청와대에서 손님이 왔습니다."

"청와대? 어느 분이신가?"

대산은 감을 잡을 수 없어 다소 불안했다. 그때 요란한 발소리와 함께 건장한 남자 서너 명이 들이닥쳤다. 그리고 누구인지 신분을 밝히지도 않고 우악스러운 눈으로 주변을 살폈다. 대산은 기분이 상했지만, 청와대 손님이란 말에 우선 상황을 두고 보기로 했다.

남자 중에 하나가 대산에게 명함을 건넸다. 청와대 경호실 소속의 간부였다. 간부는 대뜸 명령조의 쇳소리를 냈다.

"사옥을 17층으로 낮춰 주시오."

"아니, 무슨 말씀을……."

"대통령 경호와 직결된 문제라 어쩔 수 없습니다."

대산은 순간 귀를 의심했다. 22층까지 쌓아 올린 건물을 두부 자르듯 17층으로 낮추는 건 상상도 할 수 없는 일이었다. 대산은 어이가 없었지만 숨을 가다듬고 차분하게 대답을 했다.

"저희 사옥은 이미 관련 법의 허가를 받아 짓고 있는 겁니다."

"아니, 더 이상 무슨 설명이 필요합니까? 각하의 경호보다 더 중요한 게 있단 말이오?"

대산은 기가 막혀 더는 따질 수가 없었다.

"잘 알아들었으리라 믿습니다. 서둘러 조치를 해 주시오."

청와대 간부는 다시 한 번 으름장을 놓고 돌아갔다. 대산은 한동안 멍하니 앉아 있었다. 한국세철 공장을 지을 때의 악몽이 되살아나는 듯했다. 물론 지금의 회사는 그때와는 비교할 수 없이 탄탄했다. 건물 5층을 깎는다고 해서 회사가 무너지지는 않을 것이다. 하지만 공사를 중단하고 설계를 변경하는 데 드는 비용은 고스란히 회사의 몫이 되고, 회사를 믿고 보험을 든 고객에게도 신뢰가 깎일 터였다. 뿐만 아니라 최고의 사옥을 지어 회사의 가치를 높이고 발전을 꾀하려 했던 꿈마저 꺾이는 거였다.
　임원들이 속속 사무실로 들어왔다. 모두들 대산의 눈치를 슬금슬금 봤다. 대산이 지금껏 정치와 결탁하지 않고 사업을 해 온 이유를 알고 있기에 청와대 지시를 받아들이자는 의견을 내지 못했다. 그렇다고 나는 새도 떨어뜨린다는 청와대 지시를 묵살하자는 말도 할 수 없었다.
　임원 한 명이 조심스레 입을 뗐다.
　"청와대 눈 밖에 나면 회사도 힘들어질 것입니다. 지금이라도 설계를 변경하는 게 좋지 않을까요?"
　연이어 다른 임원들도 거들기 시작했다.
　"나머지 5층은 이곳 회현동에 별관으로 짓는 것도 괜찮을 듯합니다."
　대산은 임원들의 의견을 듣고도 한동안 아무런 말을 하지 않았다. 임원들도 불안한 나머지 입을 닫아 버렸다. 오랜 침묵이 흐르고 난 뒤, 대산이 나지막하게 말을 꺼냈다.
　"이 문제는 나에게 맡겨 주세요. 다만 문제가 해결될 동안 공사를 중단시키되 인부들 임금은 반드시 지불하도록 하세요."
　"네……."
　임원들은 대답은 했지만 못내 불안했다. 대산의 결연한 표정으로 보아 청와대의 지시를 따를 것 같지 않아 보였기 때문이다.
　대산은 임원들이 나가고 난 뒤 곰곰이 생각해 봤다. 청와대 측은 대통령 경호에 문제가 된다고 했었다. 하지만 사옥은 청와대와 꽤 떨어져 있었고, 청와대 근처에는 이미 10년 전에 19층짜리 정부종합청사(지금의 정부서울청사)가 들어서 있었다. 19층은 문제가 안 되고, 22층은 문제가 된다는 것은 도무지 이해가 되지 않았다.

대산은 한참 후에야 원인을 알아차렸다. 사옥이 들어서는 땅은 우리나라의 도로가 시작되는 '도로 원점'이었다. 예부터 육조●의 건물이 있던 곳이라 관청이 많이 들어서 있었다. 한마디로 한반도의 배꼽 같은 자리였다. 그러다 보니 대산도 건물을 짓기 위해 100명이 넘는 땅 주인을 일일이 설득하느라 땅을 구입하는 데만 무려 7년이 걸렸다.

어렵게 건물의 설계에 막 들어갔을 때 정부의 고위 간부가 대산을 찾아온 일이 있었다. 지금의 땅에 호텔을 지어 달라는 말을 하기 위해서였다. 당시 서울에 번듯한 호텔이 없어 외국 손님 맞을 때 어려움이 많다고 했다. 그러나 대산은 최고의 사옥을 지어 회사의 가치를 높이겠다는 약속을 저버릴 수 없었다. 대산은 '동헌 문전에 주막 짓기'라는 속담을 들면서 정부의 중앙청● 앞에 술과 밥을 파는 숙박업소를 짓는 건, 나라 체면에 먹칠하는 격이라며 거절했다. 아마 그때 정부 관리들에게 밉보인 탓이 아닐까 여겨졌다.

대산은 결심을 굳히고 대통령에게 편지를 썼다.

육조 ● 조선시대 사람들은 나라의 행정 관청이 모인 광화문을 '육조 거리'라고 불렀다. 당시 경복궁 앞에는 의정부와 이조, 예조, 형조와 같은 주요 행정 관청이 있었다.
중앙청 ● 일제 강점기의 조선총독부 건물은 광복 이후, 이름을 중앙청으로 바꾸고 정부의 청사로 쓰였다. 이후 국립박물관으로 사용하다가, 1919년 8월 15일에 철거되었다.

저희 회사의 사옥은 대통령께서 정한 법에 따라 건축 허가를 받고 짓기 시작했습니다. 이제 거의 준공을 앞두고 있는 시점에서 청와대로부터 22층을 17층으로 자르라는 통보를 받았습니다. 이는 국가와 대통령께서 만든 법을 자르라는 것과 다름없습니다. 만일 이번 일을 그냥 지나치면 앞으로도 수없이 많은 부당한 일들이 벌어질 것입니다. 저희는 법이 땅에 떨어지는 것을 막기 위해 죽을 각오로 부당함에 맞서겠습니다.

편지를 다 쓰고 나자 되레 홀가분해졌다. 대산은 편지를 대통령에게 직접 전달해 줄 사람을 찾아 건네줬다. 그날부터 기도하는 심정으로 청와대의 소식을 기다렸다. 임원들도 대산의 무모한 고집에 회사가 위험에 처할까 봐 속이 새카맣게 타들어 갔다.

며칠 뒤 지난번에 왔던 청와대 간부가 찾아왔다. 대산은 벌렁대는 가슴을 진정하며 간부를 맞았다. 간부는 멋쩍게 웃으며 입을 열었다.

"각하로부터 꾸중을 들었습니다. 원래의 설계대로 준공하십시오."
"아!"

대산은 가슴을 쓸어내리며 안도의 한숨을 내쉬었다.

사옥은 어려운 고비를 몇 번이나 넘긴 끝에 드디어 1981년 6월 1일 준공식을 맞았다. 지상 22층, 지하 3층, 연건평 2만 7,765평의 우람한 건물인 바로 '교보빌딩'이었다.

교보빌딩은 우리나라 최초로 원형 기둥을 사용해 뼈대를 세운 건물이다. 바깥벽에 붙은 적갈색 타일은 서양과 동양의 조화로운 아름다움을 자아냈다. 내부는 기둥을 없앴고, 천장 높이를 다른 건물보다 30센티미터 더 높게 하여 실용적이라는 평가를 받았다.

그 당시 대부분의 건축물은 계단을 통해 건물의 입구로 들어가게 돼 있었다. 대산은 이를 과감하게 깨트려 교보빌딩을 건물 입구와 도로의 높이를 같게 한 최초의 건축물로 만들었다. 그 때문에 몸이 불편한 사람들도 휠체어를 타고 교보빌딩에 쉽게 드나들 수 있었다.

대산은 평소 길을 가다가도 느티나무만 보면 쉬어 가고 싶은 마음을 가졌다. 고향 마을 동구에 심어진 느티나무가 생각나 정감을 느낀 탓이었다. 교보빌딩을 짓고는 실제 동구처럼 앞에 느티나무 여섯 그루를 심었다. 뿐만이 아니었다. 건물 안에 300평의 넓이에 5층 높이를 툭 터서 실내 정원을 만들어 놓았다. 그리고 그곳에 어렸을 적, 영암 집 담 주변에 자라던 대나무와 동백나무 그리고 백일홍을 심어 놓았다. 곳곳에 150여 종의 활엽 상록수를 더 심었는데 모두 다 우리나라에서 나고 자란 수종이라 '민족수'란 이름을 붙였다.

대산은 교보빌딩에 고향이 주는 정감을 오롯이 들여놓고, 사람들이 언제든 마음 편히 쉬어 갔으면 하는 바람을 가졌다.

4
사람은 책을 만들고 책은 사람을 만든다

금싸라기 땅에 서점이라니요?

1980년 7월 대산의 나이 예순넷이 되던 해였다. 교보빌딩 회의실에서는 한낮 땡볕보다 더 뜨거운 설전이 벌어졌다.

"금싸라기 땅에 서점을 내겠다니요? 절대 안 될 말입니다!"

"그랬다간 우리 회사는 한순간에 웃음거리가 되고 말 겁니다!"

임원들의 볼멘소리가 터져 나왔다.

대산은 입술을 꾹 다물고 창가로 걸어갔다. 해방 후에 잠깐 출판사를 경영하던 때가 떠올랐다. 대산은 중국에서 빈털터리가 돼 고국에 돌아와서는 '민주문화사'라는 출판사를 세웠다. 적은 자본으로 시작할 수 있었고, 책은 스승이고 학교가 될 수 있다는 신념과 어울리는 일이라 벌인 사업이었다.

첫 책으로 독립운동가이자 애국지사인 여운형*의 일대기를 다룬

《여운형 선생 투쟁사》를 냈다. 책은 단숨에 18쇄를 찍을 정도로 베스트셀러가 됐다. 하지만 서점들이 책을 외상으로 가져가고 돈을 갚지 않는 바람에 어쩔 수 없이 출판사 문을 닫게 됐다. 그 뒤 다른 사업을 할 때도 '민주문화사'의 실패가 떠올라 늘 안타까웠다.

대산은 아쉬운 마음에 고개를 저었다. 그러고는 창밖을 내다봤다. 22층의 높다란 교보빌딩에서 내려다본 세종로 네거리는 사람들로 번잡했다. 횡단보도가 없는 탓에 사람들이 지하도로 벌 떼처럼 오고 갔다. 교보빌딩 지하 아케이드를 거쳐 드나들 수밖에 없었다.

대산이 오랫동안 생각에 잠겨 있는데, 뒤에서 평소 아끼던 직원의 목소리가 들려왔다.

"창립자님, 이 자료를 살펴봐 주십시오."

대산은 가만히 돌아섰다. 직원은 대산에게 넌지시 서류를 내밀었다. 회의실에는 벌써 임원들이 모여 서류를 살펴보는 중이었다. 대산도 자리에 앉아 자료를 넘겨보기 시작했다.

"흐음."

대산은 가느다란 신음을 토해 냈다.

지하상가에 고급 상점들을 들여놓을 경우에는 많은 이익이 나고, 서

여운형 • 해방 이후 정부가 좌우로 분열되어 다툴 때, 하나가 된 정부를 세우기 위해 애쓴 민족 지도자이다. 3·1 운동을 기획하고, 일본에 가서 조선 독립의 정당함을 연설하기도 했다.

점이 들어섰을 때는 막대한 손해를 본다는 내용이었다. 가만 앉아서도 황금을 낳는 노른자 땅이기에 꼭 고급 상점이 아니더라도 큰 이익이 나는 것은 당연했다. 하지만 대산이 끝까지 고집하고 있는 서점만은 예외였다.

대산은 입술을 지긋이 깨물고 어렵게 입을 열었다.

"패망했던 일본이 그 짧은 시간에 어떻게 일어섰는지 아십니까?"

"……."

임원들은 대산의 엉뚱한 질문에 어리둥절한 얼굴을 했다.

"바로 책입니다!"

다들 얼토당토않은 말에 눈만 동그랗게 떴다.

대산은 성성한 백발을 한 번 쓸어 넘기고는 차분하게 말을 이었다.

"일본의 기노쿠니야*와 산세이도* 서점에 가 보세요. 세상에 나와 있는 책이란 책은 죄다 모아 놓았어요. 남녀노소 가리지 않고 책을 고르고 사는 광경을 여러분도 봤어야 해요. 아니, 굳이 서점이 아니라도 일본 지하철만 타 보아도 눈이 휘둥그레질 거예요. 하나같이 손에 책을 들고 들여다보고 있을 테니까요."

누구 하나 되물어 보지 않고 대산의 입만 쳐다봤다. 한 번 마음에 둔 일이라면 끝까지 설득하여 관철하고 마는 대산의 성미를 잘 알고 있었

기노쿠니야 • 신주쿠에 본점이 있는 서점으로 일본 최대의 서점이다.
산세이도 • 도쿄에 있는 6층짜리 대형 서점이다.

기 때문이다. 그렇다고 일을 결정할 때 무턱대고 우기는 것은 아니었다. 궁금한 것은 수백 번 묻고, 연구하고, 조사하여 얻어 낸 결과로 판단을 내렸다.

아니나 다를까 대산이 옹골차게 말을 이었다.

"우리나라는 변변한 서점 하나 없는 실정……."

"그건 아닙니다."

지하상가에 전자 제품 전문 상가를 열자고 주장한 임원이 대산의 말을 뚝 자르고 나섰다. 대산은 어떤 의견인지 먼저 듣고 보자는 생각에 말을 권했다.

"말씀해 보세요."

"제가 알기론 종로서적●과 양우당●이 꽤 규모가 큰 걸로 알고 있습니다."

"그건 우물 안 개구리 같은 생각에 지나지 않아요. 종로서적이나 양우당은 일본이나 미국과 비교하면 너무 작아요. 그 정도 규모로는 아이들의 왕성한 지적 호기심을 풀어 줄 수 없어요. 주로 보이는 책이 참고서와 잡지뿐이잖습니까?"

"……."

종로서적 • 1907년 종로구 종로2가에 위치했던 역사 깊은 대형 서점이다. 2002년 경영난으로 문을 닫았다.
양우당 • 1959년에 문을 연 서점으로 서울 종로2가에 위치했었다. 70년대 대표적인 대형 서점이었으나, 1992년에 문을 닫았다.

그 임원은 더는 대꾸하지 못하고 입을 다물었다. 그때 다른 임원이 벌떡 일어났다.

"현실을 잘 살펴보셔야 합니다. 일본은 국민 한 명이 1년에 책을 열 권 읽는다고 합니다. 미국은 여덟 권이고요. 하지만 우리나라는 고작 한두 권밖에 읽지 않는다는 보고서가 있습니다. 실정이 이런데, 대형 서점을 열어 봤자 밑 빠진 독에 물 붓기 아니겠습니까?"

"전 그 통계를 믿지 않아요. 우리가 서점을 열고 나서 다시 한번 조사해 보라 하세요. 분명히 달라질 겁니다. 출판사가 아무리 좋은 책을 펴내면 뭐합니까? 서점들이 공간이 협소해서 책을 진열할 수 없는데요. 그러다 보니 출판사들도 맘껏 책을 내지 못하고, 국민들도 좋은 책을 사 보지 못하는 거 아닙니까?"

"끄응."

임원은 고개를 푹 떨구며 자리에 도로 앉았다. 대산의 설득은 끊이지 않았다.

"우리 교보생명의 창립 이념이 무엇입니까? 바로 '국민 교육 진흥'이 아닙니까. 돈을 벌어들이는 목적보다도 국민의 교육을 드높이는 일에 앞장서야 한다는 사실을 잘 알고 있을 것입니다. 우리 서점에서 책을 읽고 자란 아이들이 사업가가 되고, 선생님이 되고, 대통령이 된다 생각해 보세요. 나아가 노벨상을 타는 사람이 나오지 말란 법 있습니까? 책은 아이들의 스승이고 미래입니다. 설령 밑 빠진 독에 물을 붓는다해도 서점은 반드시 열어야 합니다."

회의장에 둘러앉은 임직원들은 할 말을 잃고 말았다. 뜨겁게 달아올랐던 회의장도 숙연해졌다. 한참 뒤에 한 명 두 명 고개를 끄덕거리기 시작했다. 눈앞에 보이는 작은 이익보다는 먼 미래에 보이는 커다란 이익과 가치를 비로소 깨달았기 때문이다.

1981년 6월 1일, 교보문고의 문을 열었다. 동시에 교보생명 사옥인 교보빌딩의 준공식이 있었다. 준공식에 참석한 수많은 사람들은 입을 다물지 못했다. 처음에는 교보빌딩의 멋스러운 분위기에 놀랐고, 나중에는 운동장보다 넓은 서점의 규모에 놀랐다. 678평이나 되는 서점에 60만 권의 책이 빼곡하게 들어차 있으니 놀랄 만도 했다.

삼성 그룹 이병철 회장이 대뜸 대산의 손을 잡고 말했다.

"이렇게 훌륭한 서점을 내다니 정말 부럽습니다. 이거 신 회장에게 선수를 빼앗겼다고 생각하니 은근히 배 아픈데요? 앞으로 출판 시장에 큰바람 좀 불겠습니다. 하하하!"

축하 자리에 참석한 출판계 인사들도 맞장구를 쳤다.

"보통 바람은 아닐 겁니다. 교보문고 덕에 저희 출판 업계도 온통 축제 분위기랍니다."

"어디 출판 업계만 축제랍디까? 저희 문인들도 한껏 들떠 있습니다. 숲에 가면 상쾌한 나무 향기에 취하듯, 교보문고에 들어서면 싱그러운 책의 냄새에 취할 것입니다. 덕분에 책을 사랑하는 사람들이 많이 늘어날 것이고, 나라의 미래도 밝지 않겠습니까?"

원로 문인들도 아낌없이 칭찬했다. 대산은 많은 사람들과 일일이 인사를 나누며 고마운 마음을 전했다. 대산은 교보문고 입구에 새겨진 문구를 흐뭇하게 바라봤다.

'사람은 책을 만들고 책은 사람을 만든다!'

대산은 한 번 읽고, 또 한 번 읊조렸다. 어렸을 적 병 때문에 학교 문턱에도 가 보지 못한 대산이 사업가가 될 수 있었던 건 바로 책을 만났기에 가능했던 일이었다.

서점 이익이 왜 이리 많아?

교보문고를 연 지 3년이 지났다. 대산은 산책 삼아 서점을 자주 드나들었다. 서점에 들를 때마다 어렸을 적 '천 일 독서'에 빠졌던 기억이 새록새록 나서 마냥 좋았다. 책을 한 권 빼 들고 막 한 장을 넘겨볼 때였다. 직원 하나가 달려와 대산에게 인사를 했다.
"제 아들이 교보문고 포장지를 구해 달라고 떼를 쓰네요."
"포장지를 왜?"
"애들 사이에서 우리 서점의 포장지로 책 표지를 싸는 게 유행이랍니다."
"허허, 별 유행도 다 있네."
"그 바람에 괜한 책을 사야 한다며 투덜거리는 부모들도 봤습니다."
직원은 쑥스러운 듯 웃었다. 딴에는 서점 장사가 잘되게끔 열심히 노력한 공을 인정받고 싶은 눈치였다. 대산은 모른 체하며 판매대 쪽으로 발길을 옮겼다. 그러고는 한곳에 멈춰 유난히 오래 눈길을 두었다.

"아니, 저 요란한 책들은 대체 뭔가?"

"요즘 아주 잘 팔리는 일본의 귀신 이야기 책입니다."

"일본 귀신 이야기?"

"일본에서 유행하는 책인데 벌써 우리나라로 건너온 모양입니다. 저 책들 덕분에 요즘 이익을 많이 보고 있습니다."

"그래?"

대산은 책을 집어 들어 한 장 한 장 넘겨보다가 그만 깜짝 놀랐다. 얼토당토않은 이야기일 뿐더러, 선정적이고 폭력적이었다. 한창 커 가는 아이들의 정서에 나쁜 영향을 미칠 게 빤해 보였다.

대산은 직원에게 호통을 쳤다.

"저런 책들 당장 치우게!"

"아니, 창립자님……저게 얼마나 잘 팔리는 책인데 그러십니까?"

"당장 치우란 소리 못 들었는가? 어?"

직원은 소스라치게 놀라 귀신 책들을 판매대에서 걷어 내기 시작했다. 대산은 혀를 차며 교보문고 입구에 걸린 현판을 쳐다봤다.

'사람은 책을 만들고 책은 사람을 만든다!'

대산은 얼굴이 붉어졌다. 보란 듯 걸어 놓은 현판이 이처럼 부끄러운 적은 없었다. 직원들은 대산의 눈치를 보면서도 고개를 갸웃갸웃했다. 한창 잘 팔리는 책을 치우는 게 도무지 이해가 되지 않는 눈치였다.

그런데 희한한 일이 벌어졌다. 교보문고가 귀신 이야기 책을 치우고 나자, 다른 서점에서도 그 책의 판매가 시들해지기 시작했다. 나중에는 아예 자취도 없이 사라지고 말았다. 이를 안 교육계 사람들이나 학부모들은 교보문고가 나쁜 책을 걸러 내는 순기능까지 한다며 칭찬을 했다.

하루는 경리 부서의 직원이 교보문고 결산서를 들고 왔다. 무슨 좋은 일이라도 있는지 연방 싱글벙글했다. 대산은 결산서를 펼쳐 들고 꼼꼼히 살피기 시작했다.

직원이 한껏 들떠 말했다.

"창립자님을 비웃던 사람들의 콧대가 납작해질 만하겠습니다."

대산은 듣는 시늉도 하지 않고 결산서만 뚫어져라 봤다.

"자네 정신이 있는 거야, 없는 거야?"

"네?"

직원은 얼떨떨한 표정으로 자세를 고쳐 잡았다.

"누가 서점에서 이렇게 많은 이익을 내라고 하던가?"

"창, 창립자님……무슨 말씀이신지…….'

직원은 어이가 없어 말문이 막혔다. 많은 사람들이 금싸라기 땅에 서점을 여는 것을 두고 미친 짓이라 손가락질을 했다. 그런데 보란 듯이 몇 년 만에 많은 이익을 내는 서점으로 바꾸어 놓았는데, 칭찬은 커녕 불호령이 떨어질 줄은 생각지도 못했다.

"돈벌이만을 위해서 서점을 하면 안 된다는 말! 벌써 잊었는가?"

"……."

직원은 그만 고개를 푹 수그렸다. 대산이 입버릇처럼 하는 말이라 잘 알고 있었다. 그러나 이런 대산의 진심을 곡해하는 사람도 있었다. 사람들의 미담에 오르내리려고 그럴듯한 말을 하며 꼼수를 부리는 거라 쑥덕이기도 했다. 그런데 대산의 진심을 직접 확인하고 나자 절로 숙연해졌다.

혼쭐이 난 직원은 당장 사업 계획을 고쳐 나갔다. 별로 찾지 않을 것 같은 외국 서적들도 들여오고, 학술 서적이나 과학 기술 서적도 들여와서, 대학과 연구소 그리고 기업체의 연구 활동에 도움이 되게 했다. 이익과는 먼 공익을 위한 사업도 꾸준히 펼쳐 나갔다.

교보문고가 문을 연 지 3년쯤 지나자 처음에는 여유 있던 진열대가 부족해졌다. 해가 바뀔수록 손님들이 물밀 듯 밀려들었고, 출판사들이 새로 생겨나고 신간들이 쏟아져 나온 탓도 있었다. 교보문고는 해마다 확장을 거듭했다. 8년째인 1988년에는 처음보다 거의 두 배가 늘어 있었다. 매장이 비좁아져, 처음보다 답답해졌다.

대산은 매장을 새로 정비하고 내부 디자인을 다시 하겠다는 계획을 세웠다. 연일 이 문제로 회의가 열렸다.

"보수하는 데 얼마나 걸리겠는가?"

"짧게는 8개월이고 길게는 1년 남짓 걸릴 것 같습니다."

"그럼 공사는 어떻게 진행하지?"

"네, 그것은……."

직원들은 쉬이 한목소리를 내지 못했다. 조금씩 공사를 해 나가자는 의견과 서점을 아예 닫고 공사를 하자는 의견이 팽팽하게 맞섰다. 대산은 여러 의견을 듣고 나서 결단을 내렸다.

"1년간 문을 닫고 공사를 한 후에 새롭게 문을 엽시다."

"이 많은 직원들은 어떻게 하시려고……."

임원이 난처한 얼굴을 했다.

"단 한 명의 직원도 해고해서는 안 됩니다. 월급은 꼬박꼬박 주되, 자질 향상을 위해 교육을 받게 하거나, 해외로 연수를 보내도록 하세요."

"그러기엔 손실이 너무 큽니다."

"돈벌이만 생각하느라 사람을 잃어서야 쓰겠어요? 내 다시 한 번 말하지만, 우리가 서점을 연 이유를 절대 잊지 말아 주세요."

"네에……."

직원들은 더 이상 대꾸하지 못했다. 대산이 올곧게 지켜 온 교보문고에 대한 애착을 너무나 잘 알았기 때문이다.

결국 1991년 6월부터 이듬해 5월까지, 1년 동안 서점은 문을 닫고 공사에 들어갔다. 손님들은 처음에는 불평을 늘어놓았지만 나중에는 새롭게 태어날 서점을 기대하며 부푼 마음으로 지켜봐 줬다.

대산은 공사에 많은 관심을 기울였다. 3만 명이 이용해도 불편하지 않을 넓은 통로, 유럽풍의 갈색 서가, 눈에 피로를 주지 않는 조명, 운동장처럼 탁 트인 매장의 구조 외에도 시시콜콜한 것까지 신경을 썼다.

공사는 순조로웠지만 거의 마무리되어 갈 즈음에 문제가 하나 터졌다. 전통과 현대를 아우르도록 출입문을 만들어 서점의 상징적 의미를 담고자 했는데 뭔가 부족한 느낌을 떨쳐 버릴 수 없었다. 많은 사람들이 머리를 맞대고 회의를 거듭했다. 하지만 도무지 멋진 생각이 떠오르지 않았다.

답답하던 차에 대산이 벼락 제안을 했다.

"노벨상 수상자들의 초상화를 걸면 어떻겠는가?"

"노벨상 수상자요?"

직원들은 뜬금없는 말에 고개를 갸우뚱했다. 대산은 어린아이처럼 얼굴에 홍조를 띠며 설명을 해 나갔다.

"일본도 노벨 문학상 수상자를 냈는데 우리나라가 못 탄다는 것은 말이 안 되지. 난 우리 민족의 창의성과 독특한 문화를 믿네. 그러니 우리 교보문고가 앞장서서 최초의 노벨상 수상을 독려해야 하지 않겠는가?"

"그렇군요."

직원들은 고개를 끄덕거렸다.

문제가 해결됐다 생각했는데, 시간이 좀 흐르자 다시 아쉬운 마음이 생겨났다. 대산도 직원들의 마음과 마찬가지로 허전하다는 느낌이 있었다. 이번에도 명토 박은 의견을 내는 사람은 대산이었다.

"역대 노벨상 수상자들의 초상화 옆에 빈 초상화 액자를 겁시다. 빈 액자 밑에는 한국인 노벨상 수상자를 위해 비워 둔다고 써 놓는 거예요."

"아!"

직원들은 절로 감탄 어린 박수를 치기 시작했다. 어찌 보면 엉뚱한 것 같았지만 오가는 청소년들이 꿈을 세우고, 그 꿈을 이루기 위해 달려가게 할 최고의 응원이 될 거라는 생각이 들었다. 얼마 가지 않아 빈 초상화 자리가 채워질 거라는 확신마저 들었다.

대산이 책과 사람을 잇게 하려는 노력은 계속됐다. 1992년에는 회사뿐만 아니라 우리 사회의 문화 발전을 위해 '대산문화재단'을 설립했다. 대산문화재단은 한국 문학의 세계화를 목표로 삼았다. 작가들에게 문학상과 창작 지원금을 지원하고 외국의 우수한 문학을 번역해 들여오고, 한국 문학을 번역해 외국에 알리는 사업도 적극적으로 펼쳐 나갔다. 2005년 독일은 '프랑크푸르트 도서 전시회'에서 우리나라를 주빈국으로 정했는데, 대산문화재단의 그간 노력이 빛을 발해 세계 많은 나라에서 한국 문학을 주목하게 하는 데 기여했다.

    교보문고 광화문점의 하루 방문객은 수만 명에 이르고, 하루 평균 판매되는 책의 수량 또한 수만 권에 달했다. 거기에 교보생명의 지방 사옥을 지을 때 들여놓은 문고의 방문객과 도서 판매량을 따진다면 교보문고가 사람들에게 끼치는 문화적인 영향력은 실로 대단했다.

광화문글판에 향기를 남기고

2000년 12월 10일 우리나라의 첫 노벨상 수상자가 나왔다. 김대중 대통령이 한반도 평화에 기여한 공로로 노벨 평화상을 수상한 것이다. 그간 교보문고의 비워진 액자 두 개는 8년째 주인을 찾지 못했다. 대산은 교보문고에 들를 때마다 빈 액자를 안타깝게 바라보곤 했다.

김대중 대통령의 사진 액자가 올라가자 모두들 함박웃음을 지었다. 대산은 나머지 빈 액자 하나를 물끄러미 쳐다봤다. 저 액자만큼은 꼭 노벨 문학상을 수상한 작가의 몫이었으면 했다. '천 일 독서' 때 읽었던 문학 작품 때문에 대산도 한때 문학가의 꿈을 꾸었었다. 비록 문학가 대신 사업가의 길로 들어섰지만 평소에도 시를 읽고 낭송하기를 즐겼다. 좋은 시가 있으면 한지에 써서 직원이나 손님들에게 나누어 주기도 했다. 대산이 애송한 시 중에는 고은 시인의 〈낯선 곳〉이 있다.

낯선 곳

떠나라
낯선 곳으로

아메리카가 아니라
인도네시아가 아니라
그대 하루하루의 반복으로부터
단 한번도 용서할 수 없는 습관으로부터
그대 떠나라

아기가 만들어낸 말의 새로움으로
할머니를 알루빠라고 하는 새로움으로
그리하여
할머니조차
새로움이 되는 곳
그 낯선 곳으로

떠나라
그대 온갖 추억과 사전을 버리고

빈주먹조차 버리고
떠나라
떠나는 것이야말로
그대의 재생을 뛰어넘어
최초의 탄생이다. 떠나라

대산은 자신이 걸어온 개척자 인생에 이만큼 어울리는 시도 없다고 생각했다. 그래서 벽에 붙여 두고 틈만 나면 읽고 애송했다. 대산의 문학과 예술에 대한 애정은 여기에서 그치지 않았다.

한국의 랜드 마크*라 불리는 교보빌딩에 '문학의 향기'를 불어넣은 이도 바로 대산이었다. 교보빌딩을 세우고, 어떻게 하면 많은 사람들의 마음을 훈훈하게 해 줄까 고민하다가 빌딩 벽면에 문학의 향기를 담은 '글판'을 만들어 붙였다. 우리나라뿐만 아니라 외국에까지 널리 알려진 '광화문글판'이다.

빌딩 외벽에는 대부분 회사를 홍보하는 현수막이 내걸린다. 사람들에게 한 번이라도 더 상품을 보여 주어야 회사가 이익을 내는 데 도움이 되기 때문이다. 하지만 대산은 교보빌딩을 시민들에게 돌린다는 마음으로 광고 현수막 대신 글판을 내걸었다.

랜드 마크 • 두드러지게 눈에 띄어 그 지역의 상징이 되는 대형 건축물

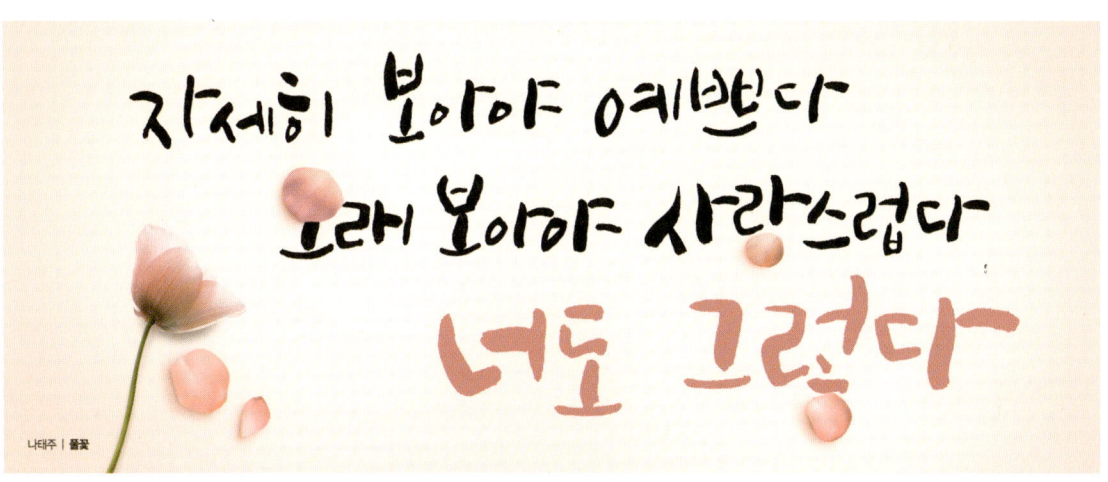

1년에 네 번, 계절의 변화에 따라 글판이 바뀐다. 2012년 봄에는 나태주 시인의 시 〈풀꽃〉이 글귀로 선정되었다.

처음에는 "개미처럼 모아라 여름은 길지 않다(1992년)."• 같은 명구를 내걸었다. 그런데 글판이 광화문의 명물이 된 후로는 시민들의 마음에 휴식을 주고 잠시나마 사색하게 하는 글귀가 내걸리게 됐다. 또한 글판의 글을 정하는 선정위원회가 따로 있어 온전히 시민의 것이 되도록 관리했다.

2007년에 환경재단이 '세상을 밝게 만든 100인'을 선정한 적이 있었다. 영화배우 전도연, 가수 박진영, 개그맨 김제동, 방송인 김미화, 골프 선수 박세리와 최경주, 소설가 김훈과 공지영, 우주인 고산, 여성 전

• 《이솝 우화》에서 발췌, 인용한 글이다.

투 조종사 하정미 등이 뽑혔다. 그런데 이들 중에서 사람이 아닌 유일한 것이, 바로 '광화문글판'이었다. 그만큼 많은 시민들에게 희망을 주는 존재로 인식되었다는 의미였다.

대산은 1975년에 갑작스럽게 교통사고를 당했다. 기적적으로 살아나긴 했지만 지팡이 신세를 져야 했다. 그러고도 일흔이 넘게 쉼 없이 일을 했다. 지팡이를 짚고 백발성성한 모습으로 동에 번쩍 서에 번쩍 일터를 누비고 다녔다.

어느 날 보다 못한 한 임원이 대산을 말리고 나섰다.

"창립자님, 과로가 걱정되니 이제 좀 쉬십시오."

"일을 안 해서 죽는 사람은 있어도, 일을 해서 죽는 사람은 없네!"

대산은 단칼에 걱정을 물리쳤다. 이렇듯 아무도 대산의 일 욕심을 막지 못했다.

1988년, 대산이 72세가 되던 해였다. 창립 30주년을 맞아 대산은 서울 강남에 예술성이 뛰어난 교보타워를 짓겠다고 선언했다. 다들 대산의 건강을 걱정해 뒷전에서 지켜만 보라고 권했지만 대산은 교보타워가 생의 마지막 예술품이라 생각하고 온 정열을 쏟았다.

그런데 1993년에 덜컥 몸에 이상이 찾아왔다. 일흔일곱이 되던 해였다. 대산은 대수롭지 않을 거라 여기고 검사를 해 봤는데 뜻밖에도 담도암이라는 결과가 나왔다. 너무 고령이라 다들 수술을 말렸지만, 남은 일을 못 잊어 수술을 받기로 했다.

그해 대산은 담도암 수술을 받았다. 6개월을 버티기 힘들다던 예상을 깨고 병세는 하루가 갈수록 좋아졌다. 온갖 역경을 이기고 일어선 것처럼 또 한 번 병마와 싸워 이긴 것이다. 대산은 주위의 만류를 뿌리치고 다시 교보타워 짓는 일에 매달렸다.

우선 설계부터 꼼꼼히 챙겨 나갔다. 설계는 세계 10대 건축가로 꼽히는 마리오 보타에게 맡기기로 했다. 그러나 세계적인 건축가가 동양의 조그만 나라에 쉬이 올 리가 없었다. 대산이 세 번이나 초청한 끝에야 마리오 보타가 한국에 왔다.

1989년 설계가 시작됐다. 대산은 마리오 보타의 설계도에 수없이 퇴짜를 놓았다. 어디서나 볼 수 있는 건축물이 아니라 품격이 있는 예술적인 빌딩을 짓고 싶은 열망 때문이었다. 마리오 보타는 건축 대가답게 대산의 뜻을 하나하나 받아들였다.

설계도는 열일곱 번이나 고치기를 거듭해 무려 10년 만에 완성됐다. 공사에 들어가고 나서도 대산의 열정은 식지 않았다. 병마와 싸우면서도 맘에 맞는 벽돌을 구하기 위해 벽돌 공장을 직접 찾아다녔다. 벽돌이 나올 때마다 마리오 보타에게 보내 일일이 동의를 구하곤 했다.

2003년 3월, 설계를 시작한지 14년 만에 '강남 교보타워'가 완공됐다. 지하 8층에 지상 25층, 연건평 2만 8,000여 평의 쌍둥이 타워 빌딩이었다. 교보타워에는 대산의 심미안이 고스란히 배어 있었다. 지하 1,

2층에는 축구장 두 개를 합친 만큼 큰 '교보문고 강남점'을 개장했는데, 지하 2층에는 아이들이 앉아서 편히 책을 읽으며 놀 수 있는 '어린이 정원'까지 만들었다. 책 읽는 아이들을 생각한 배려심이었다.

교보타워 준공식 날 대산은 오래 머무를 수가 없었다. 병세가 악화돼 기력이 다해 갔기 때문이다. 대산은 즐거워하는 사람들을 뒤로하고 성북동 집으로 향했다.

집으로 돌아와 거실 의자에 앉았다. 나무 테가 허리까지만 받쳐 주는 볼품없고 허름한 나무 의자였다. 푹신한 의자에 앉아 있으면 정신이 해이해진다면서 오래도록 버리지 못한 의자였다.

대산은 10여 그루의 소나무가 있는 정원을 바라보며 음악을 들었다. 즐겨 듣는 라디오 채널의 클래식 방송이었다. 음악을 들으면서 정원의 소나무를 바라보면, 폐병과 싸우던 어린 시절, 방에 드러누워 바라봤던 소나무 생각이 났다. 어쩌면 그때처럼 병마와 싸워 다시 일어서고픈 마음 때문이었는지도 모른다.

햇볕이 따스해지는 오후에는 책을 읽었다. 아니, 읽는 게 아니라 듣는 중이었다. 눈이 침침해진 이후로 학생 한 명을 매일 집으로 불러 책을 읽어 달라 청했다. 책의 향기는 그 어떤 것보다 정신을 맑게 해 줬다.

저녁참에는 아들 신창재와 이야기를 나누었다.

"너에게 무겁고 힘든 책임을 물려주었구나."

"아버지, 아닙니다."

아들은 아버지의 손을 꼭 잡고 눈시울을 붉혔다.

원래 대산의 아들은 편하게 아버지의 기업을 물려받는 대신 자신만의 길을 걷기로 했다. 서울대학교 의과대학 교수로, 산부인과의 불임 치료 명의로 이름을 떨쳤다. 그러나 대산의 암 수술을 지켜보고는 마음을 바꿔, 기업을 운영하기로 했다.

먼저 대산이 이끌어 오던 대산문화재단에서 일했다. 공익에 기여하고자 한 대산의 곧은 정신을 이해하기 위함이었다. 신창재는 1996년에야 교보생명에 입사해 경영 수업을 받은 후에 회사를 이끌었다.

대산은 아들의 손을 맞잡고 힘겹게 말을 이었다.

"의사나 선생이나 사업가나 모두 다 사람을 귀히 여길 줄 알아야 한다. 사람마다 가지고 있는 재능을 발휘하게 해 주는 것이 네 소임이란 걸 항상 잊지 말거라."

"예에."

"깊게 파고들고, 높은 데서 멀리 내다봐야 한다는 것도 명심하여라!"

"명심하겠습니다!"

아들은 아버지의 이 짧은 몇 마디가 오늘날의 교보생명과 교보문고를 만들었다는 것을 잘 알았다.

뒷날부터 대산의 기력은 급격히 떨어졌다. 나무 의자에 앉아 소나무를 바라보며 음악을 듣는 것도, 책 읽는 소리를 들을 힘마저도 남아 있지 않았다. 대산은 가만히 눈을 감고 지나왔던 순간들을 떠올려봤다.

눈가에 힘을 주어 눈물을 참아 내던 어머니가 보이고, 제 책을 훔쳐본다고 투정을 부리는 동생 용희의 얼굴도 떠올랐다. 날이면 날마다 책을 빌려 준 하숙생들도 보였다. 젊은 날, 나침반 역할을 해 준 신갑범의 얼굴도 떠올랐다. 이제 대산은 마지막으로 떠나야 할 때를 기다렸다.

2003년 9월 19일!

해가 기울어 붉은 노을을 만들어 가는 저녁에,

대산은 가족이 지켜보는 가운데 잠든 듯 눈을 감았다. 여든여섯의 파란만장한 삶이었다.

다음 날, 세종로 한복판 '광화문글판'에는 천상병의 시구•가 올라갔다.

바람에게도 길은 있다
나는 비로소 나의 길을 가느니
길은 언제나 어디에나 있다

• 천상병 시인의 시 〈바람에게도 길은 있다〉에서 발췌, 인용되었다.

대산 신용호가 걸어온 길

- 1917년 8월 11일, 전라남도 영암 솔안마을에서 태어났어요.
- 1924년 여덟 살, 보통학교에 입학할 시기에 폐병에 걸려 학교에 가지 못해요. 3년이 다 되도록 병세에 차도가 없다가, 월출산 꿈을 꾸고 기운을 회복해요.
- 1928년 열두 살, 목포로 이사를 가요. 늦게라도 학교에 다니려 했지만 나이가 많아 입학을 거절당해요. 할 수 없이 하숙 치는 어머니를 도우며 독학을 하기로 결심해요. 교과서를 빌려 공부하고, 천 일 독서를 시작해요.
- 1936년 스무 살이 되면 집을 떠나 자립해서 사업가가 되자고 결심해요. 부모님의 반대에 부딪혀 몰래 집을 나와 경성으로 가요. 신갑범의 도움으로 중국 다롄으로 떠나, 후지다 상사에서 일하게 돼요. 사장에게 새로운 사업을 제안하며 다롄의 도매점을 운영하는 점장이 되고, 큰돈을 벌게 돼요.
- 1937년 고향을 떠나온 지 1년 6개월 만에 가족을 만나러 고국에 들러요. 신갑범의 소개로 이육사를 만나 민족을 돕는 사업가가 되겠다고 결심해요.

청년 시절의 신용호

- 1938년 스물두 살, 후지다 상사를 떠나 직접 사업을 해 보자고 결심해요. 상하이에서 머물며, 곡물 사업을 하자고 다짐해요. 사업을 시작할 장소로 베이징을 선택해요.
- 1940년 꼼꼼하고 치밀하게 시장 조사를 한 뒤에, 자금성 곡물시장 부근에 '북일공사'라는 곡물회사를 차려요. 5명의 직원과 사업을 시작해서 베이징 제일의 곡물 회사로 성장시켜요.
- 1943년 10월 14일, 잠시 고향에 들러 유순이 여사와 혼례를 올리고 베이징으로 돌아가요.
- 1945년 일본이 항복하면서 전쟁이 끝이 나고, 조선도 해방을 맞아요. 조국으로 돌아가 사업가의 꿈을 이루기로 해요. 그런데 중국이 내전으로 어지러워지면서 그동안 번 많은 돈을 찾을 수 없게 돼요. 귀국하는 동포를 인솔하는 책임을 맡고, 그 과정에서 은행에 맡기지 않은 돈마저 동포들을 위해 쓰게 돼요.
- 1946년 해방된 조국에서 출판사 '민주문화사'를 세우고, 첫 책으로《여운형 선생 투쟁사》를 출간해요. 큰 인기를 끌었지만 당시 유통 구조가 열악해서 돈을 회수하지 못했고, 결국 출판업을 정리하게 돼요.

친형들과 함께(왼쪽부터 셋째 형 신용원, 신용호, 넷째 형 신용복)

민주문화사의 첫 책
《여운형 선생 투쟁사》

- 1948년 익산에 방직공장인 '한양직물'을 세우고 승승장구하게 돼요. 하지만 한국 전쟁이 터지면서 인민군에게 붙잡혀 가게 돼요. 함께 일한 직원들의 헌신적인 옹호로 목숨을 구하게 돼요. 그러나 공장은 문을 닫게 돼요.
- 1953년 7월 휴전 협정이 이뤄지고, 신용호는 새로운 사업을 구상해요. 방방곡곡에 전차와 포차 같은 고철이 널린 걸 보고 제철회사 '한국제철'을 차리기로 해요. 은행에서 자금을 빌려 주기로 약속했지만, 당시 정치적인 혼란으로 약속이 무산돼요. 공사는 중단되고 신용호는 다시 빈털터리가 돼요. 좌절하지 않고 재기를 꿈꾸며, 사람들에게 이로운 사업이 무엇이 있을까 고민하다가, 교육보험이라는 새로운 형태의 보험을 생각해 내요.
- 1958년 8월 7일 '대한교육보험 주식회사'를 창립해요. 창립과 함께 '진학보험'을 내놓아요.
- 1964년 창업 6년 만에 보험 업계 2위로 도약해요. 제1회 저축의 날에 '최우수 저축기관'으로 대통령 표창을 받고, 국민 교육에 기여한 공을 인정받아 문교부 장관 표창을 받아요.
- 1975년 교통사고로 다리를 다치지만 지팡이를 짚고 한결같이 성성하게 일을 해요.
- 1980년 교보생명의 지하 아케이드에 서점을 운영하는 문제로 반대에 부딪혔고 사람들을 설득해요.

대한교육보험 출범 당시의 종로 사옥

신용호 창립자의 교육 장면

1983년 대구, 아들 신창재의 군의관 대위 임관식

- 1981년 6월 1일에 종로에 22층의 '교보생명' 사옥을 지어요. 이날 교보문고도 함께 문을 열어요.
- 1983년 6월 27일 세계보험협회로부터 보험계의 노벨상이라 불리는 '세계보험대상'을 받아요.
- 1988년 창립 30주년을 맞아 강남에 교보타워를 짓기로 해요. 세계 10대 건축가인 마리오 보타에게 설계를 맡겨요. 설계도를 완성하는 데만 10년이 걸려요.
- 1991년 6월, 신간이 쏟아져 나오고 손님이 늘면서 매장이 비좁아져요. 1년 동안 교보문고 문을 닫고 보수 공사에 들어가기로 해요.
- 1991년 10월, 낙후되고 소외된 농촌의 발전을 위해 대산농촌문화재단을 설립해요.
- 1992년 12월, 예술을 사랑하고 아꼈던 신용호는 한국 문학을 후원하고, 세계에 알리기 위해 대산문화재단을 설립해요.
- 1993년 일흔일곱이 되던 해, 담도암에 걸려 수술을 받아요.
- 1995년 4월, 대한교육보험을 교보생명으로 상호를 변경해요.
- 1996년, 7월에 세계보험전당 명예의 전당에 헌정되고, 8월에는 기업인 최초로 '금관문화훈장'을 받아요.
- 2003년 3월 강남 교보타워가 완공됐어요. 병세로 기력이 약해져 준공식 날 오래 머물지 못해요.
- 2003년 9월 19일 여든여섯에 가족이 지켜보는 가운데 자택에서 영면해요.

세계보험대상 수상, 아내 유순이 여사와 함께

세계보험대상 메달

건축가 마리오 보타와 강남 교보타워 설계 논의

글쓴이의 말

스승이 되어 준 책

어렸을 적 이야기부터 하나 할래요.

전 뭍에서부터 뱃길로 두 시간 넘게 가야 하는 비금도라는 섬에서 태어났어요. 우리 집은 물론이고 동네에도 동화책 한 권 없는 벽촌이었죠. 그런데 초등학교 4학년 때 2층 구석진 교실에서 처음 도서관을 발견했어요.

난생처음 발견한 도서관에서 손에 든 동화책은 바로 《로빈슨 크루소》였어요. 하필 사서 선생님이 안 계시는 바람에 말도 없이 그 책을 빌려갔어요. 그런데 아뿔싸! 세상에 이렇게 재미난 이야기가 있었다니요. 밤새워 읽고 또 읽고, 그다음 날에도 또 읽었어요. 나중에는 겉표지가 뜯어져 나가고 너덜너덜해질 정도였죠. 결국은 도서실에 반납하지 못하고 책 도둑이 되고 말았답니다.

선생님이 자리를 비운 어느 날로 생각돼요. 반장인 나는 60명이나 되는 아이들을 떠들지 못하게 하느라 진땀을 뺐죠. 아무리 용을 써도 애들은 난리법석을 떠는 거예요. 하는 수 없이 세상에서 둘도 없는 재미난 이야기를 하기 시작했죠. 당연히 로빈슨 크루소의 무인도 표류 이야기였어요.

애들은 숨을 죽이며 내 이야기에 빠져들었어요. 나처럼 동화책을 한 권도 읽어 보지 못한 애들이 대부분이었으니까요. 수업 종이 울리고 교실 문이 드르륵 열렸어요. 선생님이 교탁 앞에서 우리를 향해 묻는 거예요. 방금 누가 얘기를 하고 있었냐고. 애들 모두 나를 향해 손가락을 짚었죠.

선생님은 30분 전부터 교실 밖에 와 있었대요. 그런데 난장판 같을 줄 알았던 교실이 쥐 죽은 듯 조용하더래요. 선생님도 모르게 교실 쪽으로 귀를 대며 내 이야기를 듣고 말았대요. 너무너무 재미나고 흥미진진해서요. 그러면서 "넌 커서 작가가 될 거야!"라고 치켜세워 줬답니다.

전 정말 작가가 되었어요. 그때 우리 반 애들에게 해 줬던 재미난 동화를 짓는 동화 작가가 됐던 것이죠. 도서실에서 《로빈슨 크루소》를 발견하지 못했다면 꿈도 꾸지 못할 일이었어요. 지금도 남포등 아래서 《로빈슨 크루소》를 읽었던 때를 떠올리면 가슴이 벌벌 뛰며 설렌답니다.

그런데 말이에요, 저 말고도 또 한 분이 《로빈슨 크루소》를 읽고 홀

름한 일을 해냈다는 것을 알게 되었어요. 로빈슨처럼 새로운 삶을 위해 여행을 떠나고 고난을 극복해 낸 대산 신용호 선생님이에요. 몸이 아파 학교에 가지 못하고 책을 선생님으로 삼고 공부했던 분이죠. 책뿐만 아니라 만나는 사람마다 선생님으로 삼았어요. 신갑범과 독립운동가 이육사를 만나 사업가의 꿈을 꾸게 되었지요. 끝내 우리나라 굴지의 교보생명과 교보문고를 일으켜 세운 훌륭한 기업인이 되었답니다.

올해로 대산 신용호 선생님이 돌아가신 지 10주년이 됩니다. 선생님은 맑은 향기를 세상에 남겨 놓고 떠나셨어요. 교보생명에서 나는 배움의 향기, 교보문고에서 나는 책 향기, 광화문글판에서 나는 글 향기 그리고 여러 공익 재단에서 나는 나눔의 향기가 그것이죠.

선생님의 향기 나는 삶을 제대로 표현하지 못했을까 봐 내내 염려됐어요. 하지만 교보문고에서 어린 책 도둑을 용서해 주셨던 것처럼, 저의 미숙함도 넓은 아량으로 용서해 주시지 않을까요? 어쩌면 선생님도 책이 너무 좋아 한 권 쯤 훔치고 싶었던 적이 있을 거라 믿으니까요.

2013년 7월 어느 날
책 도둑이었던 김해등

글쓴이 그린이 소개

글쓴이 김해등

서해안 비금도에서 태어나 바다가 들려주는 이야기를 먹고 자랐습니다. 그 이야기들을 가슴에 품고 세상을 떠돌아다니다가, 이야기를 좋아하는 어린이들만의 세상을 꿈꾸며 뒤늦게 광주대학교 문예창작학과에서 동화 공부를 시작했습니다. 대산대학 문학상을 받으며 동화 작가의 길로 들어섰고, MBC 창작 동화 대상, 웅진주니어 문학상을 받은 뒤에 제2회 정채봉 문학상 대상을 수상했습니다. 지금까지 쓴 책으로는 《반 토막 서현우》《연습 학교》《전교 네 명 머시기가 간다》《마음대로 고슴도치》《흑산도 소년 장군 강바우》와 〈서울 샌님 정약전과 바다 탐험대〉 시리즈 들이 있습니다.

그린이 김진화

대학에서 회화를 공부하고 어린이 책에 그림을 그렸습니다. 여러 가지 재료로 물건을 만들어서 사진을 찍는 등 다양한 기법으로 재미있는 그림, 뜻을 담은 그림을 만들기 위해 애쓰고 있습니다. 《난 자동차가 참 좋아》《학교 가는 길을 개척할 거야》《봉주르, 뚜르》《고만네》《수학식당1》《왜 맛있는 건 다 나쁠까?》《너는 네가 되어야 한다》 등 여러 책에 그림을 그렸습니다.

● 이 책을 만드는 데 다양한 사진과 정보를 제공해 주신 대산문화재단과 교보생명에 감사드립니다.